中華文化叢書

豆腐

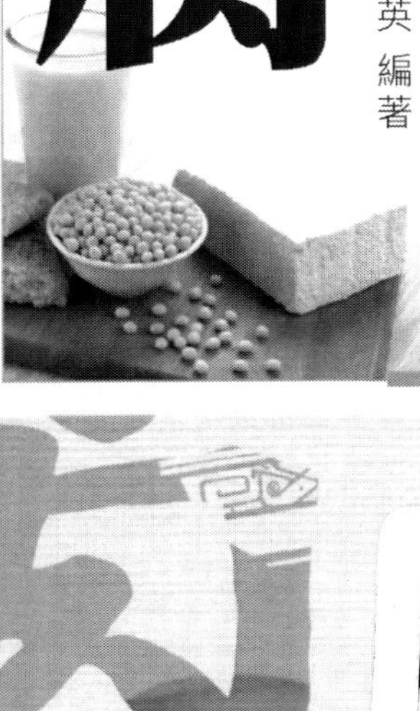

曾學英 編著

豆腐，作為我們的祖先在飲食領域的一項偉大創造，從起源至今，已擁有兩千餘年得燦爛歷史。古人好以青菜豆腐自喻，今人則鍾情於其豐富的營養與物美價廉，而縱使世界，有中國人的地方更是少不了豆腐，因為豆腐之中，滿含一種沁人心脾的家鄉情結。

崧燁文化

前　言

　　眾所周知，指南針、造紙術、火藥、活字印刷術是中華民族歷史上的四大發明，是勤勞智慧的中國人對世界文明的巨大貢獻。但人們並不知道我國在另一個領域裡還有一項對人類發展起著重要作用的發明，它就是與我們的飲食息息相關的豆腐，也有人稱其為中國古代的"第五大發明"。

　　發明豆腐的人據說是西漢時的淮南王劉安。西漢提倡簡樸，對貴族使用金銀器皿有所限制，所以大家紛紛在"吃"上下功夫。由此推斷系劉安發明豆腐，倒也有一定的社會文化背景。豆腐的發明者是貴族，而讓豆腐沖出亞洲、走向世界的也是個名門之後，這個人名叫李石曾。

　　近年來，在世界範圍內，動物保護主義和素食主義流行，提倡以植物蛋白代替動物蛋白，中國的豆腐，成了一個榜樣，讓西方人佩服得五體投地。國人到了西方，如果一時沒有更好的工作機會，只要有做豆腐的手藝，就可以保證溫飽。那種把一粒粒的黃豆變成白白嫩嫩的豆腐方塊的"把戲"，在外國友人看來，跟變戲法差不多，只有中國人玩得來。現在，日本人也會做豆腐了，不過所謂的日本豆腐，不像豆腐，所以，要吃豆腐，還得靠中國人。

　　一塊四四方方、再簡單不過的豆腐，既可成為家中的小菜，也可成為大飯店的主菜，甚至還有專以豆腐為主打的，比如淮揚豆腐宴。豆腐的品種也是五花八門，除了傳統的北豆腐、南豆腐外，近年來，還出現了許多有"技術含量"的豆腐，如內酯豆腐、木棉豆腐、絹豆腐，甚至還有鮮紅色的草莓豆腐、碧綠色的菜汁豆腐，以及加有花生仁的營養豆腐等。

　　豆腐對中華文明的意義著實重大。對古時的人們而言，蛋白質攝入一直是個問題。試想，如果整個民族面帶菜色，又怎麼能文韜武略呢？就在全國人民苦苦尋覓時，豆腐閃亮登場了！作為優質蛋白質最廉價的來源，豆腐迅速成為中國乃至東方各農耕民族飯桌上的重要食材之一。不論是失勢貴人、落魄士子，還是窮苦百姓，每每都要與青菜豆腐相伴，深以為苦。殊不知，如果沒有豆腐，天天小米、青菜，這些人早就走不動路了！豆腐的發明，從根本上改善了中華民族的體質，而只有擁有了強健的體魄，才能夯實中華文明得以延續幾千年的基礎。

如今，中國豆腐已經在世界各地落戶，而且受到許多人的喜愛，做法和吃法也延伸到方方面面，營養價值得到了進一步提升。人們對豆腐的營養價值有了突飛猛進的認識，大多數國家的人都認為豆腐是最豐富最直接的蛋白質來源，在簡單的食用過程中，人體所需的蛋白質就可以得到補充，加之價廉物美，想不愛它都難了。

一種文明得到世人的普遍認同是很難的，而中國豆腐做到了，而且是遍地開花，讚不絕口。這就是豆腐的魅力，它具備了讓世人青睞的特質和韻味，世界上沒有一種食物能做到這樣，流傳幾千年而不衰，範圍之大更是無與倫比。由此來看，中國豆腐功莫大焉，乃曠世一絕。

作者能力有限，但在編寫此書的過程中得到了同行朱金蓮、朱金瑞、曾亞輝、汪兆菊、張淑梅、貴峰、董梅、朱金河、趙繼梅、張麗榮等人的大力幫助，在這裡表示感謝。

同時，由於本人水準不足，書中難免會有講解不夠全面、確切之處，希望能得到行家的理解與指正，在此一併謝過。

目　錄

第一編　豆腐起源 1
　一、豆腐起源概述 2
　二、有關豆腐起源的傳說 10
　三、豆腐名稱簡析 18
　四、豆腐地方風味傳說 24

第二編　現代豆腐製作工藝 43
　一、豆腐製作中使用的添加劑 44
　二、豆腐製作工藝流程 51
　三、其他豆製品製作工藝 65

第三編　知名豆腐菜和名人傳說 81
　一、知名豆腐菜 82
　二、豆腐與名人 92

第四編　豆腐文化 113
　一、豆腐習俗 114
　二、關於豆腐的詩詞 122

三、豆腐俚語、俗語 133
　　四、豆腐謎語 135
　　五、豆腐對聯 137
　　六、豆腐歇後語 141
　　七、豆腐民謠 147

第五編　中國豆腐走向世界 155
　　一、豆腐傳日之說 156
　　二、美國人與豆腐 158
　　三、加拿大人把豆腐帶進奧運會 159
　　四、美國洛杉磯豆腐節 161
　　五、德國人愛上中國豆腐 162
　　六、中國豆腐法國傳播者——李石曾 163
　　七、在澳大利亞賣臭豆腐的中國留學生——唐琳 ... 165
　　八、威廉·夏利夫、青柳昭子與豆腐 167
　　九、幾內亞有個"豆腐王" 169

第一編　豆腐起源

關於豆腐的起源，國人爭論不休，但是，豆腐是中國發明的，是中國這個蘊含了五千年歷史文明的國度的文化遺產，這一點是毋庸置疑的。豆腐的起源主要有淮南論、唐末論、五代論三種。這三種觀點都有據可查。但是，根據學者從大量的豆腐傳說、豆腐故事、豆腐名稱裡找到的依據和典故，豆腐起源於安徽淮南市的八公山的觀點最為可信，也被大多數人所接受。當然，這些觀點還需要不斷完善和甄別，有待後人不懈的探尋和研究。

一、豆腐起源概述

豆腐是我國古代飲食領域裡的四大發明（豆漿、豆腐、豆醬和豆芽）之一。兩千多年來，豆腐作為價廉物美、營養豐富的食品，被國人稱之為"民族精華、養生瑰寶"，在國際上被譽為世界級的"營養珍品、植物肉類"。

然而，豆腐這種備受人們青睞的食品，其起源一直有著較大的爭議。

1. 豆腐起源爭論

關於豆腐起源的爭論似乎從來就沒有停止過，上至專家學者，下至平民百姓，借助書籍、媒體、網路等形式，你方唱罷我登場。但無論怎麼爭，有一點是一致的，那就是豆腐是中國人發明的，是中國人民智慧和創造力的結晶。而各種爭論，亦使豆腐更具神秘感。

要說清楚豆腐的來源，應該先說清楚大豆的來源。

據考證，商代的甲骨文上已有大豆的記載，同時，山西侯馬曾出土過商代的大豆化石，這說明在商代，大豆在人們的生活中已經佔有一定的地位了。春秋時期，齊桓公曾將北方山戎出產的大豆引進中原地區栽培。《詩經》中有"中原有菽，庶民采之"的記載；《墨子》中載有"耕稼樹藝，聚菽粟。是以菽粟多，而民足乎食"。這個時期的典籍中常見"菽"，而古書中"菽"與大豆等同，也說明當時菽種植的普遍。西元前5世紀至西元前3世紀，已有對大豆的分佈、形狀、種類等較細緻的描述。

秦漢以後，"大豆"一詞代替了"菽"字並被廣泛應用。

"大豆"一詞最先見於戰國李悝所著《神農書》的《八穀生長篇》，其中載"大豆生於槐，出於泪石之山谷中，九十日華，六十日熟，凡一百五十日成"。另外，漢代《氾勝之書》載"大豆保歲易為"。故自漢代以後，我國大豆的種植面積不斷擴大，產量也不斷增加。大豆遺物以東北最早，黑龍江省甯安市大牡丹屯和牛場兩處原始社會遺址和吉林省吉林市龍潭區烏拉街鎮原始社會遺址出土的大豆遺物距今約3000年。

除本國文獻記載和出土遺物外，國外也有相關資料。《蘇聯大百科全書》中寫道："栽培大豆起源於中國。中國在五千年以前就已開始栽培這種作物。"《美國大百科全書》中寫道："大豆是中國文明基礎的五穀之一。"

有化石，有文獻，這些在其他國家和地區都沒有，世界上也沒有相對有利的證據說明大豆起源於國外。相反，個別國外的文獻印證了大豆起源於中國的說法。由此可見，大豆最早是在中國栽培的，且在國內外並無爭議。

弄清大豆的起源後，關於豆腐起源的爭論便展開了。豆腐起源爭論主要有三種觀點：一種是漢代淮南王論，一種是五代論，另一種就是唐末論了。

豆腐起源於淮南王劉安論

目前，贊同這種說法的人佔大多數。

宋元以來，國人多認為豆腐於西元前2世紀由西漢淮南王劉安發明，以下是佐證此觀點的著述，有十幾種之多，可謂翔實。

南宋朱熹在其豆腐詩中寫道："種豆豆苗稀，力竭心已腐；早知淮南術，安坐獲泉布。"並自注"世傳豆腐本乃淮南王術"。與朱熹同時代的楊萬里，寫過一篇名為《豆盧子柔傳》的文章，副標題為"豆腐"，其中也提到漢代已有豆腐。《辭源》載曰："以豆為之。造法，水浸磨漿，去渣滓，煎成澱以鹽鹵汁，就釜收之。又有入缸內以石膏末收者。相傳為漢淮南王劉安所造。"

元代吳瑞所作《日用本草》一書也提到豆腐之法始於漢淮南王劉安。此書記錄食物540多種，分米、穀、菜、果、禽、蟲等8類，是元代專論食療的代表作。

明代，關於豆腐的記載逐漸增多，有關"豆腐為淮南王劉安所發明"的文字就更多了。葉子奇在《草木子·雜制篇》寫道："豆腐始於漢淮南王劉安之術也。"蘇平所作《詠豆腐》一詩曰："傳得淮南術最佳，皮膚退盡見精

劉安塑像

華。"明代大藥理學家李時珍在《本草綱目》卷二十五《穀之四》中注"豆腐之法，始於漢淮南王劉安"，並介紹了豆腐的製作原料。原文如下："豆腐之法……凡黑豆、黃豆及白豆、泥豆、豌豆、綠豆之類，皆可為之。"書中也對豆腐的製作方法進行了詳盡的描述："水浸、磑碎、濾去渣、煎成，以鹽鹵汁或山礬葉或酸漿、醋澱，就釜收之；又有入缸內以石膏末收者。大抵得鹹、苦、酸、辛之物，皆可收斂爾。其面上凝結者，揭取涼乾，名豆腐皮，食甚佳也。"陳繼儒在《群粹錄》一書中也說："豆腐，淮南王劉安所作。"羅欣在《物原》一書中記載："劉安始作豆腐。"明太祖第十七子朱權所撰《天皇至道太清玉冊》中寫道："淮南王得飛騰變化之道，煉五金成寶，化八石為水，得草木制化之理，乃作豆腐。其時長安豆一鬥值千錢，今世之齋素者皆用之，其詩曰'舉家學得淮南術'。後世人吃豆腐，自淮南王始之。"周暉《金陵瑣事》卷三《豆腐》謂："豆腐，揚業師名之曰淮南子，取其始於淮南王也。"

黃豆

清始，關於豆腐的記載已為常見。汪汲在《事物原會》一書中說西漢古籍有"劉安作豆腐"的記載。江蘇巡撫梁章鉅在《歸田瑣記》一書中說，"豆腐……相傳為淮南王劉安所造"，"今四海九州，至邊外絕域，無不有此"。錢塘人高士奇的《天祿識餘》上亦有豆腐為淮南王劉安所造之觀點。清代地理學家、藏書家李兆洛在任鳳台縣令期間，親自纂修《鳳台縣誌》，並在其中的《食物志·物產篇》中寫道："屑豆為腐，推珍珠泉所造為佳品。俗謂豆腐創於淮南王，此蓋其始作之所。"

關於豆腐發源於淮南王劉安，地方各志、國外亦有記載。

《皖志綜述》："八公山豆腐，是淮南市著名地方風味。"雖沒有說明豆腐由劉安發明，但起碼指明了豆腐的發源地與淮南王劉安有共通之處。

英國《不列顛百科全書》提道："豆腐的製作技術始於中國的漢朝。"同樣沒有提到劉安，但在時間上有一致性。

眾多文史資料中均有劉安發明豆腐的記載，那麼，淮南王劉安到底是何許人也？

劉安（西元前179—西元前122年），西漢皇族，淮南王。漢高祖劉邦之孫，淮南厲王劉長之子。著有《鴻烈》（又稱《淮南鴻烈》《淮南子》）。

漢王朝的創立者——劉邦共生有8個兒子，劉安的父親劉長是第七子。西元前174年，劉長暗地裡派人與太子啟等勾結，並打算聯合閩越人和匈奴人叛亂。不久，事情敗露，劉長在發配途中絕食而死，年僅25歲，死後被諡為淮南厲王。劉長死後，淮南國被取消，收歸中央管理。兩年後，漢文帝又想起劉長這個自殺了的弟弟，越想心裡越不是滋味，便下詔將劉長的4個年僅七八歲的兒子都封了侯；到西元前164年，漢文帝再次下詔，將原來的淮南國一分為三（淮南、衡山和廬江），分別封給劉長的3個兒子，其中長子劉安承襲了父親的爵位，襲封淮南王。

劉安不同於自己驕橫無比的父親，他喜歡結交賓客，在做淮南王時，他招募的賓客和術士最多時竟達到了幾千人。這些賓客在淮南王府不僅從事講學、煉丹，而且還經常與他進行為政、治學以及做人的討論。劉安也不同於一般的皇室子弟，他從小就不太喜歡騎馬、打獵，而是愛好讀書、學藝、彈琴，尤其熱衷於道家黃老之學。由於天資聰明，加上勤奮好學，到漢武帝時，劉安已"流譽天下"，成了國內頗有名氣的學者，在各諸侯王中也享有很高的聲譽。漢武帝對他這位才華出眾的皇叔很是欣賞，曾專門召他來長安撰寫《離騷傳》。據說，漢武帝清晨下達了詔令，劉安中午就把《離騷傳》寫好了，漢武帝看過後連聲稱讚。

然而，儘管漢武帝非常欣賞劉安的才情，但他強力推行的"罷黜百家、獨尊儒術"的統治思想卻和劉安推崇的"無為而治"的道家學說南轅北轍，而父親劉長之死更成了劉安心中的一個"死結"。事實上，劉安一生都是在對朝廷的不滿和怨恨中度過的。因此，劉安在廣置門客進行"學術研討"的同時，也在不斷地積蓄力量，為有朝一日的謀反做著準備。

不過，和自己的父親一樣，劉安的謀反計畫還沒有來得及實施，便由於門客的告密而畫上了句號，劉安也因此自殺了。

劉安招募的門客有三千多人，他們雲集古城壽春，議論天下興亡，尋求治世良方，探討學術方技，搜集古史軼聞。一大批文學、哲學、自然科學著作應運而生，使淮南國成了當時國內重要的文化學術中心，對我國的文化學術事業產生了深遠的影響。在眾多的人才中，蘇非、李尚、左吳、田由、晉昌、雷被、毛被、伍被名氣最大，號稱"八公"。八公經常陪劉安在壽春城北山上煉長生不老之靈丹妙藥，北山因此改名為"八公山"。傳說劉安等在煉丹時，偶然將石膏點入丹母液（即豆漿）之中，經化學反應變成豆腐。豆腐從此問世。

劉安發明豆腐之後，並不滿足於現狀。他是位飽學之士，對每項事業總是精益求精。他經常同李尚一道研究豆腐製作方法和技術，成立豆腐生產作坊，培養豆腐生產專業人員，在生產操作的過程中，逐步完善生產設備，改進生產技術，提高豆腐品質；同時，把豆腐製作技術傳授給當地農民，並逐漸向其他地區擴散。

當地農民學會了製作豆腐之術後，代代相傳，不斷改進製作工藝，嚴格操作，精益求精，這使淮南八公山豆腐比外地豆腐更具有自己鮮明的特色。

豆腐起源於漢代之說還有一些較有說服力的事物可以佐證，這些事物都與豆腐有著密切的聯繫，從考古學的角度來看也是很有價值的。

製作豆腐首先得有大豆，《淮南子》中已有豆類種植、成熟、收成、食用情況的資料，可見淮南國在當時已經普遍種植大豆。從我國氣候帶的劃分來看，淮南地區處於淮河以南，為亞熱帶季風氣候，適宜豆類的生長。2000年前後，安徽省淮南市農業環保站在本市範圍內進行野生植物普查，先後在八公山區、大通區、鳳台縣等地發現有大面積的野生大豆群落，進一步證明了淮南地區大豆種植歷史之悠久，從而為"淮南王劉安發明豆腐"之說提供了側面的史料依據。

而製作豆腐，首先要把大豆製成豆漿，我們的祖先可謂聰慧，在長期的生產實踐中發明了石磨，據考古文物和資料記載，我國早在戰國時期就發明了石磨，其形制與現在基本一樣。

據先秦時期由史官所修撰的，記載上古帝王、諸侯和卿大夫家族世系傳承的史籍《世本》記載，石磨是魯班發明的。魯班發明磨的真實情況已經無從查考，但是從考古發掘的情況來看，龍山文化遺址（距今四千年左右）中已經有了杵臼，因此魯班發明磨是有可能的。1968 年，河北滿城發掘的西漢中山靖王劉勝的墓地裡，發現有石磨、青銅漏斗。磨為黑雲母花崗岩製成，高 18 釐米，徑 54 釐米，石磨下面設有磨盤水槽，但有一上口直徑 94.5 厘米、沿高 34 釐米的盆狀漏斗。漏斗放在石磨下面，可以承接所磨漿液。這是目前發現的最早的磨，完全可以磨製豆漿。

石磨

據史書記載，劉勝故於漢元鼎四年（西元前 113 年），比劉安晚九年，二人為同時期人。

1965 年，安徽壽縣茶庵鄉挖掘的東漢墓中出土了灰陶水磨，與現在豆腐作坊所用的水磨形制基本相同。既然已製成陶器陪葬，可見石磨在淮南地區已普遍使用，且年代更早。而淮南的八公山石石質堅硬，也為打制石磨提供了優良的原材料。此外，陝西西安出土有秦代的石磨。河南的洛陽、禹州、唐河，江蘇的江都、揚州，山東的臨沂，遼寧的遼陽等地均出土有西漢石磨、陶磨。

石磨有旱磨和水磨之分，而劉安煉丹的八公山就在淮河流域，用水磨磨漿是很有可能的。

由此，人們普遍認為劉安時期，從原料上看，已經完全具備了製作豆腐的條件，豆腐起源於西漢劉安是有一定的合理性的。

明代李時珍在《本草綱目》中說："豆腐……造法：水浸、磑碎、濾去渣、煎成，以鹽鹵汁或山礬葉或酸漿、醋澱、就釜收之；又有入缸內以石膏末收者。大抵得鹹、苦、酸、辛之物，皆可收斂爾。" 由此可見，製作豆腐的傳統凝固劑——鹽與石膏在西漢以前已經出現。《淮南子》中就有關於鹽以及五味的記載。

豆腐起源於唐末或五代論

"豆腐起源於五代"論的代表人物主要有袁翰青、筱田統、曹元宇、蘭殿君等，他們也列舉了一些著述來佐證自己的觀點。

20世紀50年代，我國著名化學專家袁翰青發表了《關於〈生物化學的發展〉一文的一點意見》，對"劉安發明豆腐"的說法提出異議。他認為從現存古代文獻看，最早明確寫到豆腐製作的，是宋代寇宗奭的《本草衍義》，"生大豆……又可磑為腐，食之"。由此，他推斷豆腐的製作大概在五代時期。另外，目前發現的最早記載豆腐的文獻，是五代陶穀撰寫的《清異錄》，其中《官志》"小宰羊"條曰："時戢為青陽(今安徽青陽縣)丞，潔己勤民，肉味不給，日市豆腐數個，邑人呼豆腐為小宰羊。"陶穀是五代時邠州新平(今陝西彬縣)人氏，他在五代的後晉、後漢、後周以及北宋初期都做過官，北宋開寶年間卒。據他所記載的這件事可以說明，至少在五代時，豆腐已經是大眾日常食品了，其製作技術也相當成熟。而日本學者筱田統考證陶穀《清異錄》"小宰羊"，將豆腐的歷史又向前推移了大約一百年，即唐末。這兩種觀點認為，以往傳說淮南王劉安發明豆腐，但劉安的《淮南子》中沒有"豆腐"二字或者它的別名。雖然其中《詮言訓》篇裡有兩處提到了"豆"字，但是指代古人盛黍、稷的器皿，與豆腐毫不相干。

以上觀點還提出，從西漢至東漢、三國、兩晉、南北朝、隋、唐末約千年裡，在如漢代揚雄的《方言》、漢代氾勝之的《氾勝之書》、北魏賈思勰的《齊民要術》、唐代韋巨源的《食譜》等各種農家、醫家和雜家的著述中，以及豐富的唐代詩文中，都沒有找到有關豆腐的明確記載：

清代汪汲在《事物原會》中引五代謝綽《宋拾遺錄》說，豆腐"至漢淮南王始傳其術於世"。但現存《宋拾遺錄》中並沒有這個記載。元代吳瑞的《日用本草》、李時珍的《本草綱目》關於"豆腐之法，始於漢淮南王劉安"的說法是根據南宋朱熹的詩而來，但朱熹在自注中說的是"世傳"即"世人傳說"，並不是肯定豆腐為劉安所發明。同時，清代梁章鉅在《歸田瑣記》一書中說："豆腐……相傳為淮南王劉安所造。"此外，南宋黃震《黃氏日鈔》、明代李實《蜀語》、明代王三聘《古今事物考》、清代褚人獲《堅瓠集》、清代魏崧《壹是紀始》俱有此說。由此可見，"豆腐為劉安所發明"多為世人傳說。

自宋代以後，有關豆腐的記載越來越多，可知豆腐在宋代逐漸普及。但豆腐仍是下層社會的食品，一直到了明代才逐漸通行於上層社會，並有各種精緻的烹飪方式出現。

二、有關豆腐起源的傳說

1. 樂毅發明豆腐的傳說

樂毅，生卒年不詳，子姓，樂氏，名毅，字永霸，戰國後期燕國傑出的軍事家。傳說樂毅也是出名的孝子，他非常孝順自己的父母，在鄰里街坊的眼中是個乖巧聰明的孩子。

樂毅的父母都很喜歡吃黃豆，可是上了年紀，牙掉的掉、傷的傷，吃黃豆很不方便。樂毅就把黃豆浸泡後，磨成豆漿煮熟，準備給父母喝。這時他的父親聞著香味走進廚房，從鍋裡舀了一勺，嘗了一口，連連搖頭，問樂毅："這豆漿怎麼什麼味道也沒有啊？"樂毅一拍腦門，原來手忙腳亂，都忘了放鹽。可是鹽罐裡的鹽已經用完了，只剩下一些鹽鹵水，出去買鹽已經來不及了，樂毅只好將鹽鹵水全倒進了豆漿鍋裡。過了陣子，樂毅興沖沖地拿起湯勺，準備盛給父母，可是一看豆漿，不由得愣住了。原來，鍋裡的豆漿全都凝成了白嫩嫩的乳塊。樂毅很是奇怪，於是小心翼翼地把這些白乳塊舀起來嘗了嘗，感覺滑嫩可口，豆香四溢，別有一番滋味。他請來父母和鄰居，將白色乳塊盛到盤子裡讓大家品嘗，大家嘗過之後連連稱讚，都說非常好吃。第二天，樂毅跑到私塾先生那裡，請私塾先生給這種白色的乳塊取個名字，私塾先

樂毅

生見乳塊白嫩如玉，嘗一口，滑嫩可口，思索片刻說："就叫作豆府之玉吧。"樂毅對私塾先生起的名字十分滿意。

從此以後，樂毅幾乎天天做"豆府之玉"給父母吃，還經常多做一些送給鄰居，大家對樂毅都大加讚賞。

有一天，樂毅的母親病了，樂毅請來鎮裡有名的大夫給母親治病，大夫給樂毅的母親仔細把脈並詢問之後，斷定是經常吃黃豆上火的緣故。大夫開的頭道藥就是涼性藥——石膏，樂毅的母親吃過藥後，很快就康復了。樂毅靈機一動，以後再做"豆府之玉"的時候，都會放些石膏進去，這樣不僅不會上火，而且可令"豆腐之玉"更加鮮嫩。

後來，樂毅開了作坊，專門賣"豆府之玉"，生意很興隆，有人稱它為"豆府之肉"。而後，有人記成"豆府肉"，又有人把"府"與"肉"寫在一起，成了"腐"，於是"豆腐"一名便流傳開來。

2. 杜康妹妹發明豆腐的傳說

據傳說，中國古代的"釀酒始祖"杜康有個妹妹。她見哥哥一直在外造酒，顧不上回家照顧母親，便暗下決心在家留守，遲遲不嫁，立志替哥哥孝敬母親。她母親喜歡吃黃豆，年紀大了，嚼不動了。她就想了一個辦法，把黃豆泡脹了，用石磨磨成豆漿再煮熟了供母親飲用。

一天，由於盛豆漿的碗是個鹽碗，盛上豆漿後，不到一會兒，豆漿便凝成了塊。她感到很奇怪，又不是大冷天，豆漿怎麼會凝成塊呢？她想來想去，想出了原因，是豆漿碰上了鹽才結成塊的。

第二天，她又一試，豆漿果然又凝成了塊。之後，她便做起豆腐來，做好後給母親吃。母親吃了營養豐富的豆腐，身體十分健康。

3. 孫臏、龐涓發明豆腐的傳說

孫臏和龐涓都是戰國時期著名的軍事家。孫臏在齊國當軍師，龐涓在魏國當將軍，他們都是智勇雙全的人。不過龐涓這個人自幼心胸狹窄，還愛嫉妒人。

早些時候，孫臏和龐涓一塊到山裡求師學藝，拜鬼穀子為師。孫臏為人寬厚勤勞，敬重師父；龐涓驕傲，好吃懶做。時間長了，師父自然更喜歡孫臏了。龐涓非常嫉妒孫臏，變著法找碴兒陷害孫臏。

一天，師父生病了，躺在山洞裡呻吟，吃不下飯。孫臏見師父病成這樣，又難過又著急，他想：我給師父做碗豆漿喝吧。於是，他把青豆和黃豆磨成了漿，熬好後放在洞口，想涼一涼再端給師父。誰知，洞口崖上晾著的鹽，經露水浸過後，一滴滴地落到了豆漿鍋裡，滿鍋的豆漿竟凝成了塊兒。孫臏把這凝成塊的豆漿端進洞裡，給師父盛了一碗品嘗。師父吃了一口，頓覺食欲大開，一連吃了好幾碗。他擦擦嘴，問孫臏："你做的是什麼東西啊？"孫臏隨口答道："是'豆府肉'。"

孫臏

孫臏見師父這麼愛吃"豆府肉"，打那以後，天天做給師父吃。師父的病好了以後，就把自己的本領全教給了孫臏。

龐涓對此很生氣。他想：我一定要讓你們領教領教我的厲害。他半夜起來，偷偷把晾在洞口崖上的鹽撥到一邊，灑上些石膏面，潑上水，幹完這一切，他就下山了。

第二天，孫臏煮完豆漿後，照舊端著鍋到崖口接"鹽露水"，他哪裡知道，"鹽露水"已成了"石膏水"。不過奇怪的是，那豆漿也凝成了塊。師父一吃，味道也不錯，只是吃在嘴裡稍微有點發苦。師父明白這是怎麼回事，因此更喜愛孫臏了。

後來，這事傳到了民間，就有了做豆腐的行業。而"豆腐"就是"豆府肉"的簡稱。

4. 酸湯點豆腐

很早以前，人們不會做豆腐，也沒有石膏和鹽鹵，只會把黃豆煮來吃或炒著吃，有些地方的人能把黃豆磨成豆漿燒開來喝。

那時，在某地某座山的東坡腳下有一戶人家，媳婦叫巧蘭，生得聰明能幹，遇事喜歡動腦筋。她補過的衣物看上去仍舊很新；她做的飯菜味香色美。左鄰右舍，沒有人不誇這個媳婦的。

巧蘭的婆婆是個非常苛刻的人，人們背地裡都叫她"老惡婆"。"老惡婆"不知是嫉妒媳婦的能幹，還是為了擺擺當婆婆的威風，對媳婦時時刁難。拿一尺布交給巧蘭，卻要她做出三雙一尺二長的鞋來；拿一升麥子，卻要她磨出三升面，還說頭頭腳腳不算在內！這些還不算，更可惡的是連吃穿，她都要限制著媳婦。

巧蘭看到鄰家的李二嫂經常喝豆漿，很羨慕，也想喝碗豆漿，可是，那時當媳婦的規矩是，沒有公婆的許可，不能擅自做東西來吃，否則，會被罵作嘴饞，因此只能背著公婆做。做其他簡單的能背著，要磨豆漿得搬家弄什的，能背得了嗎？

說來也巧，有一天，"老惡婆"要到西坡二姨媽家去做客，聽說要三天才回來。巧蘭心想：等婆婆走後，家裡沒人了，我就磨點豆漿來吃吧。

當天，巧蘭小心地把婆婆服侍走後，就在後面廚房裡磨豆煮豆漿。她把火燒得旺旺的，不一會兒，豆漿在鍋裡"咕嚕咕嚕"地煮開了，香味飄滿屋。巧蘭拿著碗和瓢正要舀，突然"嘩啦"一聲，外面屋裡有響動。巧蘭緊張起來：婆婆怎麼就回來了？讓她看到可不得了！怎麼辦？這半鍋豆漿能往哪兒藏？巧蘭慌忙中東尋西找，看到灶坎上有個罈子，心想先藏在裡面再說，端著鍋就把豆漿倒進了罈子裡。蓋好壇口出來一看，原來是丈夫收工回來了，這才鬆了一口氣，於是就拉著丈夫往廚房走："快喝豆漿去！"來到

酸湯豆腐

廚房，她揭開罐子蓋，不禁大吃一驚，原先乳白色的豆漿變成了一坨雪白的東西。巧蘭大著膽子嘗了一口，又嫩又滑，丈夫吃了也不住地稱讚："真好吃。你是怎麼做的？"巧蘭也講不出個所以然來。她細細地回想，自己到底在豆漿里加了什麼？她想呀想呀，終於想到，那罐子原是泡酸菜的，酸菜雖然吃完了，裡面還剩一些做種的酸湯，莫非是酸湯在起作用？他們馬上又磨了一些豆漿。煮開後，到隔壁李二嫂家找了點酸湯，慢慢地倒入豆漿裡。不一會兒，一坨雪白的東西出現了。小倆口笑了起來："真是酸湯在起作用！"於是，二人就把這又白又嫩的東西取名為"豆腐"。後來，小倆口把這"酸湯點豆腐"的方法教給了大家。從那時起，人們就學會了做酸湯豆腐。

5. 大豆腐的來歷

很早以前，北大荒是沒有豆腐的。當時，農民把收回來的黃豆和別的糧食一齊加工，磨成面蒸窩窩頭吃。人們都覺得這種窩窩頭不好吃，也不好消化，但又沒有比這更好的方法。

小河邊住著兩兄弟，哥哥叫大雨，弟弟叫大志。自從爹娘去世後，兄弟二人相依為命。哥哥每天早出晚歸在田裡耕作，細心地照顧著弟弟。弟弟大志生來遇事好琢磨，總想為百姓做點好事，因此想變變黃豆的吃法，於是整天和哥哥大雨叨咕："這種豆麵窩窩頭我一點也不想吃了。"

說來也真是天遂人意，有一年，莊稼收成特別好，路過地頭的人都誇兄弟倆會侍弄莊稼，樂得兄弟倆合不攏嘴。一天，弟弟大志把自己琢磨了很久的想法告訴了哥哥："哥哥，我想把黃豆先用水煮熟了，再加工成食品，准比光吃窩窩頭強……""不行！不行！鄉親們蒸著吃多少年了，就你能，想得太天真了，還是算了，免得把黃豆也浪費了。"不等弟弟說完，哥哥搶白了一番。大志沒有得到哥哥的支援，心裡很不是滋味，可又不好對哥哥說什麼，只是暗暗咬了咬牙，在心裡對自己說：我一定要試試，非弄出個子午寅卯不可。從這以後，大志除和哥哥到地裡耕種外，常背著哥哥研究自己的想法，實驗了許多次，結果都沒有成功。

一天傍晚，大志剛把豆漿煮開，大雨從集市上賣柴回來了。大雨推開門，一股熱氣撲面而來,他揉揉眼睛仔細一看,鍋裡的豆漿都溢出來了,散發出濃濃的豆香味。大雨忙來到灶台前,把鍋蓋揭開,卻不小心把放在灶臺上盛洗衣服用的灰水灑到鍋裡了。大雨急壞了,覺得自己對不起弟弟。正巧弟弟從裡屋出來,見哥哥漲紅著臉在鍋前發呆,忙問:"哥,咋了?"大雨指了指鍋裡,大

大豆腐

志一見,立刻奔到鍋前,卻發現豆漿變成一塊塊的腦花狀的東西。他很驚訝,急忙用勺挖了一塊嘗嘗,覺得爽滑細嫩、美味可口。大志"噢"了一聲,一拍自己的腦門跳了起來:"成功了!成功了!"再問哥哥是怎麼回事,才知道原來是灰水起了作用。大志一下子抱起哥哥就轉起了圈:"哥,太感謝你了,你的失手幫了我的大忙。"

　　但大志不明白為什麼豆漿澆上灰水會凝成塊狀,後來兄弟倆經過一次次試驗和琢磨,終於明白了:原來灰水是用柴灰化開的水,灰水裡的鹼性物質和豆漿起了反應,使得豆漿從液體變成了固體。後來,他們覺得這種塊狀物太嫩且水分太多,不好做成其他菜,就試著用粗布把塊狀物包起來用重物壓實,把多餘的水都擠出去,就這樣,北大荒最早的大豆腐生產出來了。

6. 鹽滷點豆腐的來歷

　　有個叫岔路的地方,這裡的豆腐白嫩、細膩,有韌性。到過岔路,吃過岔路豆腐的人都說岔路的豆腐特別鮮、特別香,比任何地方的豆腐都要好吃得多。這是為什麼呢?

　　原來,岔路豆腐除了使用本地特產的早豆(小黃豆)、白溪流域甘冽的地下井水作為原料之外,還採用了與其他地方不一樣的凝固方法。

　　其他地方都採用石膏作為凝固劑來加工豆腐,而岔路一帶則是用鹽滷作為凝固劑,也就是我們通常所說的"鹽滷點豆腐"。為什麼岔路一帶會採用

"鹽鹵點豆腐"這一獨特的加工工藝呢？民間流傳著這樣一個故事。

傳說觀世音菩薩和布袋和尚在未出道前，曾結伴去天臺山修行。一日，他們來到岔路時，見一戶人家的媳婦正在用石磨把泡脹了的早豆磨成漿。婆婆在灶頭上用一隻布袋把磨出來的漿濾成汁和渣。以前，他們只見過有人把早豆泡脹煮著吃，或者是直接炒著吃，從沒見過像這樣磨漿的。於是，他們就猜起了這早豆磨漿是喝汁，還是吃渣。

觀世音菩薩說："喝汁。"

布袋和尚說："吃渣。"

後來，他倆為到底是喝汁還是吃渣這一問題爭了起來。

布袋和尚對觀世音菩薩說："這樣，我們打個賭。你猜對了，我就吃完她們磨出來的豆渣；我猜對了，你就喝完她們瀝出來的豆汁。"

"好的，賭就賭。"觀世音菩薩爽快地答應了。

於是他倆就去問正在磨漿和瀝汁的婆媳倆："你們磨豆漿是為了喝豆汁，還是吃豆渣？"

"都是。"婆媳倆告訴她們，"瀝出的豆汁燒滾就可以喝，可就饅頭、麥餅；剩下的豆渣切點剝芥菜加進去炒炒，當下飯菜。"

這個賭可以說兩個人都打贏了，因為婆媳倆告訴他們，豆汁可以喝，豆渣也可以吃；也可以說兩個人都輸了，因為他倆都只說對了一半。於是，他倆按照原先的約定，一個要喝掉全部的豆汁，一個要吃完全部的豆渣，還要比誰先吃（喝）完。

婆媳倆一個燃豆萁煮豆汁，一個燒豆稈炒豆渣。很快，一鍋豆汁燒滾，另一鍋豆渣也炒好了。

布袋和尚盛了一碗剝芥菜炒豆渣一嘗，覺得味道很鮮，於是哈哈大笑，大口大口地吃了起來。觀世音菩薩也舀了一碗燒滾的豆漿喝，覺得淡然無味，想想要喝完這一大鍋豆汁，實在有點難，不禁皺起眉頭，犯起愁。

布袋和尚見觀世音菩薩正看著這鍋裡的豆汁發愁，知道她必輸無疑，於是更加開心了，一邊哈哈大笑，一邊一碗接一碗地吃著豆渣。結果，真的把一鍋炒豆渣吃完了。只見他吃得肚皮圓鼓鼓的，連身上的衣服都撐開了。相傳這也造就了他袒胸露乳，挺著個大肚子哈哈大笑的經典形象。

觀世音菩薩見布袋和尚贏了她，竟看著滿鍋的豆汁焦急地落下了眼淚。

鹽鹵豆腐

沒想到奇跡發生了，這眼淚一滴到豆汁裡，豆汁就凝成了一塊，再滴下一滴眼淚，又凝成一塊。觀世音菩薩滴滴答答的眼淚使一鍋豆汁都凝固了。

布袋和尚見觀世音菩薩急哭了，忙勸道："你吃不了就別勉強了，帶回去慢慢吃吧。"

婆媳倆見豆汁凝固了，於是找來一隻笊籬，在裡面墊上一塊布，把豆汁凍一勺一勺舀到了布上，讓觀世音菩薩帶走。觀世音菩薩哪裡肯帶，她把笊籬留下就走了。過了一會兒，婆媳倆發現笊籬內的豆汁凍在瀝乾水後，味道鮮美，香氣撲鼻。

後來，婆媳倆想再用豆汁做豆汁凍。但是，上次豆汁結凍主要是觀世音菩薩的眼淚起了作用，可以後哪來眼淚呀。聰明的媳婦想到眼淚是鹹的，就從鹽罐裡倒出了一點鹽鹵滴進豆汁中，結果豆汁立馬凝固了。婆媳倆終於用鹽鹵打漿做成了豆腐。後來，婆媳倆又把做豆腐的方法告訴鄰居、親戚、朋友，於是鹽鹵豆腐很快在岔路一帶流行開來。

婆媳倆為了紀念觀世音菩薩和布袋和尚打賭打出了豆腐，就把他倆的像供在家裡，每次做成豆腐時，要先切下一塊放到神像前，並點上三炷香，這一習俗一直流傳很久。

三、豆腐名稱簡析

豆腐自發明之初，在不斷發展的歷史過程中，收穫了喜愛它的人給它冠以的不計其數的名稱，不僅豐富了豆腐的內涵，也具有極大的語言魅力。現將這些美麗的名稱奉獻給大家，和大家一同品味這項偉大發明帶給我們的愉悅。

1. 名稱探源

從字義上看，"腐"的核心含義有這樣三點：膨脹、腫大、擴展。

如果我們將"腐"讀為"fǔ"，很難想到它的含義是膨脹凝結物，但如果我們將"腐"讀若古音"pǔ"，就很容易知道它的本義是膨脹，因為"膨脹"，多地方言稱為"潽"、"噴"。豆腐，豆漿煮開後點鹵，膨脹（潽）之凝結物也。

與豆腐類似的膨脹凝結物有乳、脂、酪、酥、糊（漿）、糊、膏。"腐"的本字應當是其中的一個或兩個。那麼，它究竟是哪一個呢？

北宋蘇軾《蜜酒歌·又一首答二猶子與王郎見和》："煮豆作乳脂為酥。"明末清初方以智《物性志》："以豆為乳，脂為酥。"它們都證明了豆腐製作過程的三個階段：乳→脂→酥。

其一，"乳"的本義是哺乳，引申為奶水。豆乳，嚴格意義上講，指的是黃豆經研磨而成的腐漿（含豆渣）。

其二，"脂"的本義是動植物所含的油脂。豆脂，指的是經過過濾的豆漿（不含豆渣）。

其三，"酥"的本義是乳酪，由牛羊乳製成，又稱"酥油"。酪，《說文解字》："乳漿也，本義乳酪，酢截也，醴酪也。"豆酥，指的是豆漿煮沸點鹵後的凝結物，即豆腐。遠古的豆腐，估計就是今天的豆腐腦，或可稱為"豆腐酪"。

也就是說，"腐"的本字應當是"酪""漿"，引申為"酥""乳"也可以。

2. 名稱簡介

沒骨肉：豆腐營養價值可與肉類相比，是"沒有骨頭的肉"。

刀呱：這是豆腐在閩南的叫法，讀"tahu"。

大素菜：浙江嘉興一帶蠶農對豆腐的稱法。因為豆腐的"腐"字犯忌，所以改叫"大素菜"。

小宰羊：這是對豆腐的譽稱，因為是打比方，又可以說是喻稱。《清異錄》中有提及，前文已述。

王糧：這是舊時皮影戲行業中藝人之間說的隱語行話。

水歡：這是浙江龍泉、慶元、景寧等地菇民（種植食用菌的農民）中流傳的豆腐的隱語。

水判：這是四川成都一帶稱豆腐的江湖語言。清末傅崇榘編著的《成都通覽》所記之江湖語言，豆腐就有"水板、水判、水林"等幾種叫法。

水林：這是舊時四川成都和福建永安等地豆腐行業中的隱語行話。

水板：舊時酒樓菜館有"鳴堂叫菜"這一習俗，"水板"一詞是堂倌們喊話時對豆腐的別稱。《四川烹飪》雜誌中趙長松的《鳴堂叫菜的詞語》一文收有這個詞並注為"豆腐"。這是根據豆腐的外形進行稱呼的。清末傅崇榘的《成都通覽》還將它列為江湖語言。

甘脂：豆腐的別稱。清代汪曰楨《湖雅》："今四川兩湖等處設豆腐肆，謂之甘脂店。"

代付：這是湖南永興豆腐的方言記音詞。清代光緒本《永興縣誌·方言志》："豆腐曰代付。"

白字田：這是上海一帶豆腐業的行業隱語（在南方的客家方言中也有

這一說法）。《白話滬瀆之三：上海閒話》說："上海是一極繁華的商業都市，流行的商業行話與切口亦頗有意思。如舊時銀樓業稱簪子為'摸雲'，釵子為'壓黛'，耳環為'連理'、別針為'不離'。豆腐業稱豆腐為'白字田'，豆腐乾為'香方'......"

白虎：豆腐的別稱。清代李光庭所著《鄉言解頤·物部》："俗以豆腐為白虎，白菜為青龍。"清代趙翼《甌北集》："儒餐自有窮奢處，白虎青龍一口吞（俗以豆腐青菜為青龍白虎）。"

白貨：這是安徽六安一帶對豆腐、豆腐乾等豆製品的統一稱謂。

白麻肉：這是上海寶山一帶豆腐的方言叫法。

灰毛：這是豆腐的四川方言叫法。"灰"在這裡有"白"義，與俗話中有"白"義的"搽灰抹粉"的"灰"同義。有的地方叫小麥麵粉為"灰面"，也是說"灰"為"白"。"灰毛"意即白色的毛豆腐。

灰妹：舊時酒館飯店有"鳴堂叫菜"這一習俗。"灰妹"一詞是堂倌們喊話中對豆腐的別稱。《四川烹飪》雜誌趙長松的《鳴堂叫菜的詞語》一文作為行業隱語收有這個詞，並注為"豆腐"。這個詞裡的"妹"字，是豆腐的四川方言詞"灰毛"的"毛"字的一聲之轉，同時也有昵稱的意味。

灰罵兒：或記音為"灰麥兒"，是湖南石門一帶豆腐的方言叫法。它與四川豆腐方言"灰毛"和"灰妹"音近。"罵""麥"是"毛"或"妹"的一聲之轉。

灰饃兒：這是我國西南一帶有些地方豆腐的土語。另外，在四川富順一帶還指"豆花兒"（即豆腐腦）。

灰蘑兒：這是四川邛崍一帶豆腐的方言叫法。"灰蘑兒"的"蘑"字與有的地方豆腐的別稱如"灰毛"的"毛"字、"灰妹"的"妹"字、"灰罵兒"的"罵"字、"灰麥兒"的"麥"字、"灰麻"的"麻"字、"灰饃兒"的"饃"字等，相互之間都是一聲之轉。

豆干：即豆腐乾。另外，廣東潮汕地區的方言中，豆腐也叫"豆干"。

豆生：這是江西話和福建泰寧話中豆腐的方言叫法。另外，"豆生"還指雲南有的地方用青毛豆做的"懶豆腐"。而福建泉州話裡的"豆生"，則指豆芽。

豆乳：豆腐的別稱。明代方以智《通雅》說："豆乳、脂酥，即豆腐也。"

另外，江西南昌、福建廈門等地豆腐乳的方言也叫"豆乳"。

豆法：即豆腐，這是河南溫縣方言。

豆脯：是豆腐的異形詞。明代李實《蜀語》："菜、肉、豆脯、米粉作羹，多加薑屑。"現代著名畫家潘天壽《武夷山遊記》："清磐閑紅魚，時蔬煮豆脯。"

來其：豆腐的別稱。元代虞集的《豆腐三德贊》中說："鄉語謂豆腐為來其"。"來其"即"黎祁"（宋代陸游《劍南詩稿·鄰曲》有"拭盤堆連展，洗釜煮黎祁"，並自注："蜀人以名豆腐。"）的異形詞。清代夏曾傳《〈隨園食單〉補證》說："'黎祁'與'來其'二者之轉。"清代邵晉涵的《爾雅正義》說："古讀來黎同音。"古地名"州來"即"州黎丘"。漢代軑侯的名字"利蒼"，古籍中有時也作"來倉"。"黎"古屬"脂"部，"來"古屬"之"部，一般說來，它們屬於音近相通，在古方言裡也可能同音。

佗合：是苗語中豆腐的叫法，也是湖南苗族傳說中我國做豆腐始祖的名字。

軟玉：豆腐的喻稱。清代張玉書等所著《佩文韻府》引宋代蘇軾《豆腐詩》："箸上凝脂滑，鐺中軟玉香。"

國菜：有許多人都稱豆腐為"國菜"。這是對豆腐的極高讚譽。

乳脂：豆腐的別稱。清代農書《授時通考》："淮南王以豆為乳脂。今豆膏、豆粉、豆腐較他處尤佳，得淮南遺法。"

鬼食：豆腐的別稱。清代汪汲《事物原會》說："豆腐出漿後捫其渣，累數不少，腐乃豆之魂，故稱鬼食。孔子不食。"

素醍醐：豆腐的喻稱。此說見元代隱士謝應芳《龜巢稿》中的《素醍醐》一詩。詩文："……腐兮腐兮能養老，濟世之功不為小。淮南此術惜未傳，食貨志中斯闕然。前時雍公贊三德，吾亦題詩三太息。易名今號素醍醐，諸庖易牙僉曰都。"

鹽酪：豆腐的別稱。汪朗《胡嚼文人》中的《極品豆腐》一文說："宋代的豆腐有許多別號，如乳脂、犁祁、黎祁、鹽酪等。"宋代趙與時《賓退錄》："《靖州圖經》載其俗居喪不食酒肉鹽酪，而以魚為蔬。今湖北多然，謂之'魚菜'，不特靖也。"

租：雲南麗江納西族土話稱豆腐為"租"。

脂酥：豆腐的別稱。明代方以智《通雅》："豆乳、脂酥，即豆腐也。"

菽乳：豆腐的別稱。明代王志堅《表異錄》："豆腐亦名菽乳。"明代陳懋仁《庶物異名疏》："菽乳，豆腐也。""菽乳"這一名稱是元代孫作嫌"豆腐"二字不雅而改的。他在《滄螺集》中說："豆腐本淮南王安所作，惜其名不雅，餘為改今名。"明代李翊《戒庵老人漫筆》也說："余邑先達孫司業大雅嫌豆腐之名不雅，改名菽乳。"

啜菽：這是對原始豆腐或豆腐前身（豆腐精製前的）的叫法。宋末陳達叟的《本心齋蔬食譜》說："啜菽，菽，豆也。今豆腐條切淡煮，蘸以五味。"清代朱昆田的《笛漁小稿》記載："《淮南王食經》，八公九師撰。惜哉其書亡，饌法不可見。偶然著遺述，啜菽物至賤。……"

犁祁：豆腐的別稱。宋代陸游《劍南詩稿》卷七十二："新春稉滑如珠，旋壓犁祁軟勝酥。""犁祁"也可以寫作"黎祁"或"來其"（見"黎祁""來其"條）。

淮南子：本指漢淮南王劉安主編的一部著作，但也有人用它來別稱豆腐。明代周暉《金陵瑣事》說："豆腐，楊業師名之曰'淮南子'，取其始於淮南王也。"

酥："酥"字在古代是指"豆腐"。蘇軾《蜜酒歌·又一首答二猶子與王郎見和》"煮豆作乳脂為酥"的"酥"字，自注就說："謂豆腐也。"這句詩講的是豆腐的製作過程，意思是：先把黃豆水磨成為腐漿（乳），再把腐漿過濾為漿（脂），煮沸加凝固劑助澱即成為豆腐（酥）。明代方以智《物性志》的看法與蘇軾的這首詩完全相同："豆以為腐，傳自淮南王。以豆為乳，脂為酥。"

寒漿：豆腐的別稱。漢樂府歌辭《淮南王篇》中就有"後園鑿井銀作床，金瓶素綆汲寒漿"的描寫，"寒漿"即豆腐。

黎祁：豆腐的別稱。陸游《劍南詩稿·鄰曲》："拭盤堆連展，洗釜煮黎祁。"自注："蜀人以名豆腐。"

黎祈：豆腐的別稱。"黎祈"常寫作"黎祁"，是"黎祁"的異形詞。清代毛俟園的《豆腐詩》用過它："珍味群推郇令庖，黎祈尤似易牙調。誰知解組陶元亮，為此曾經三折腰。"

豆腐在不同的國家有不同的名稱。

豆腐的日本發音為 tofu，也被寫作同音的"唐符""唐布"。前者見於日本壽永二年（1183 年）奈良春日若宮的神主中臣祐重之日記；後者見於康正三年（1457 年）《尋尊大僧正記》。

冷奴：也是日本人對豆腐的稱呼，意思就是冷盤豆腐。

白壁、白物：日本東麓被納編著的詞書《下學集》說日本稱豆腐為"白壁"；而在女性中則又另有叫法，稱為"白物"。

植物肉：美國人為豆腐起的外號。美國人認為豆腐是植物性食物中含蛋白質最高的，其所含的脂肪與動物性脂肪不同，更有益於人體健康。

大豆乳酪：法國人對豆腐的喻稱。法國人認為乳酪含脂肪量通常在 10% 以上，豆腐只含有少量的飽和脂肪，是健康食品。

四、豆腐地方風味傳說

1. "戀愛豆腐果"的傳

傳說在很久很久以前，有一個很有權勢的苗王，他有一個女兒，名叫娘美。苗王對她十分寵愛。娘美是方圓幾百里有名的大美人，並且心地善良，心靈手巧，很多有地位的公子、少爺都爭相向她求婚。可是，在有一年的"三月三"歌會上，娘美卻出人意料地把繡荷包扔給了家境貧寒的山哥。娘美執意要嫁給山哥，終於激怒了苗王，他暴跳如雷，命人把山哥母子趕出了山寨，任何人都不得收留和幫助他們。

在苗王的威逼下，山哥無奈，只得帶著病重的老娘離開了山寨，逃進了山裡，靠吃山上的野果艱難地度日。

山哥走了以後，娘美天天以淚洗面，唱山歌懷念他們在一起的日子，歌聲哀婉、淒涼，讓聽見歌聲的人都忍不住流下淚來。後來，娘美在她的貼身丫鬟和山裡一個獵人的幫助下，從家裡逃了出來。想到山哥及老母親在山中缺吃少喝，娘美便用特製的皮桶裝了一些豆腐，為了防止豆腐在路上壞掉，她讓丫鬟事先用堿水把豆腐泡過。

戀愛豆腐果

等找到了山哥母子時，老母親已衰弱得奄奄一息。娘美點起火，在火上烤著她帶來的豆腐，然後拌上山中隨處可見的野山椒和魚腥草，一股香味彌漫在山林中。出人意料的是，山哥的母親吃了烤豆腐後，身體一天天好了起來。後人說這是山哥、娘美忠貞的愛情和孝心感動了上天的緣故。

而故事的結局也是美好的：從此，山哥與娘美幸福地生活在一起，直到天長地久。

由於有了這個美麗的傳說，這種烤豆腐成了當地人最喜愛的一種小吃，人們給它取了一個美麗的名字"戀愛豆腐果"。最常光顧烤豆腐攤的是一些戀愛中的青年男女，他們成雙成對地在攤子邊感受著"戀愛豆腐果"的鮮美，感受著愛情的甜美和熱烈。因為他們希望自己的愛情也能像山哥和娘美一樣執著、永久。

2. 平橋豆腐

平橋豆腐鮮嫩油潤、美味異常。相傳，1742年清乾隆帝下江南，乘船途經大運河畔的淮安古鎮平橋時，當地有個名叫林百萬的大財主，為了討好皇上，便把皇帝從平橋南庵接到北庵的家中，並特地以自己平時最喜愛吃的鮮鯽魚腦子加雞湯燴豆腐招待皇帝。乾隆吃得很滿意，連聲稱讚道："豆腐妙哉！妙哉！天下第一菜矣〞〞從此，平橋豆腐便在淮安出了名。後經名師巧廚在選用配料和燴制方法上不斷改進，平橋豆腐更加令人傾心，入口每每不忍停箸。

那麼，平橋豆腐是如何燴制的呢？

首先，選擇鹽鹵點漿的精細豆腐，放在冷水鍋裡煮沸，脫掉黃花水。然後，將豆腐撈出來輕輕壓一壓，除掉水分，切成瓜子大小的菱形薄片，浸在水中漂洗。燴制時，可根據季節選用鯽魚腦、蟹黃等，注入雞湯或肉湯，加上適量豬油和蔥花、薑末煮沸。接著，將豆腐片和適量熟肉丁或蝦米以及醬油一起投入湯內。待燒開後，再

平橋豆腐

用豆粉勾芡，撒少許味精拌勻即可上桌食用了。如再放點小磨香油、胡椒粉、蒜花、香菜之類，其味就更加香美了。近百年來，平橋豆腐以其經濟實惠、風味獨特、營養豐富而備受國內外賓客歡迎。

3. 西施豆腐

西施豆腐為紹興諸暨的傳統風味名菜，無論是起屋造宅、逢年過節，還是婚嫁、壽誕、喜慶、喪宴，每每成為席上頭道菜肴。相傳，清乾隆帝游江南時，與寵臣劉墉一起微服私訪來到諸暨，兩人盡心遊玩，信步來到苧蘿山腳小村，只見農舍已炊煙嫋嫋，方覺肚中饑餓，便在一農家用餐，享用"西施豆腐"後，不禁擊桌連聲稱妙，聞其菜名，脫口而贊："好一個'西施豆腐'。"

"西施豆腐"之豆腐雪白細嫩，配料高檔，加清湯而燴，湯寬汁厚，滑潤鮮嫩，色澤豔麗。西施豆腐是一種羹湯，是以豆腐為主要原料製作的食品，在諸暨一帶比較流行，而且很有些歷史。諸暨是西施的故鄉，因此人們在這種美食前冠以西施的名字，當地人也稱之為"葷豆腐"。

"西施豆腐"的製作方法：取品質上乘的豆腐適量，切成小塊或丁粒。豆腐以清水煮至水沸，去原水以除豆腥，再加雞湯適量，同時將香菇、火腿、嫩筍或其他適合口味的配料切成丁，放入鍋中一起煮沸後，再加適當調料並勾芡，最後配以蛋黃汁和青蔥即成。製作"西施豆腐"，原料品質是關鍵，其次是勾芡，太稀成湯，太稠也會失去味道。

西施豆腐

4. 素火腿、素雞的由來

素雞

素火腿

相傳梁武帝蕭衍在南京登基後，篤信佛教，大建寺院，還曾三次捨身同泰寺，卻被大臣們出錢贖出，無法，便拜志公和尚為師，做了不出家的佛家弟子。

因為佛門"五戒"的頭一條就是"戒殺生"，蕭衍為此三次召集全國各地名僧到京城討論要不要吃酒肉，最後形成一致意見，決定禁酒肉。為戒殺生，蕭衍還作《斷酒肉文》，反復強調酒肉的危害，竭力主張素食。

然而，以往大家都吃慣了肉食，突然改吃素食，實在不習慣，但皇帝御旨，誰敢違抗，只能"徒喚莫內何"了。

一次，同泰寺裡齋堂僧人妙生在做素齋時，由於做的豆腐太多，便隨手把剩餘的豆腐與其他蔬菜放在了一起，待下午再燒菜時，見四四方方的豆腐被壓扁了。妙生拿起來一看，發現豆腐竟然有點窩脖子雞的樣子。妙生靈機一動，便取豆腐按照雞的形狀裹上紗布緊壓脫水，切塊再放上醬油、鹽等作料紅燒，誰知道燒出來的素雞竟然色澤棕紅，香味濃郁，柔中帶韌，味美可口，雖然是素菜，卻有葷菜的口感，僧人們吃後，大加讚賞。妙生不斷琢磨，又仿製出了素火腿、素魚等菜肴。方法一傳出，立即受到佛家僧眾和普通百姓的廣泛歡迎並迅速流傳開來，經過不斷改進，形成了今天的素火腿和素雞等食品。

5. 倘塘豆腐

"馬尾拴豆腐——提不起來"，這是老幼皆知的俗語。然而雲南宣威倘塘生產的黃豆腐，不僅能用麻繩拴起來賣，即使從 3 米處的高空扔下，也摔不爛，俗稱"雲南吃怪，倘塘豆腐拴著賣"。

倘塘豆腐在包裝和銷售上最為奇怪。據考證，"倘塘"一詞由來久遠，"倘"在彝語中指"長狀緩坡壩子"，而"塘"則是元、明以來驛站或防衛所設的"哨所"。"倘"地設"塘"，故名"倘塘"，今為宣威市的一個鎮。倘塘磨制豆腐的歷史，可追溯至明洪武十三年（1380 年）前，那時的倘塘，為川、滇要道上的交通要塞，當地的居民受外地移民文化的影響，以豆磨制豆腐。他們利用本地豆類資源，以及清純的山泉水，用酸漿點制豆腐後，染黃並包裝成塊狀，用玉米梗及麻繩拴掛晾曬，製成黃豆腐。倘塘豆腐的製作工藝世代沿襲下來，每當農閒或豆類上市後，家家戶戶懸拴豆腐，遠遠望去，極像了繡房門口的串串珠簾，耀眼奪目，成為小鎮上一道獨特的風景線。

倘塘豆腐由於製作工藝獨特，色彩鮮豔，美味可口，深受歡迎。另外，也因工藝複雜，成本高，其價比肉還貴，可謂"豆腐盤成肉價錢"。民國時，倘塘豆腐隨馬幫販運到滇南的個舊、景洪等地賣，"三分一十的雞蛋，兩分一塊的豆腐"，其價高得使生意人眼紅。當地還流傳有這樣的歌謠："年年有個三月三，包穀長在豆中間；小妹莫說喪氣話，豆腐賣成肉價錢。""小小豆子圓又圓，推成豆腐賣成錢，人人說我生意小，小小豆腐賺大錢。"19 世紀 50 年代，倘塘豆腐傳入曲靖等地，備受歡迎。80 年代以後，倘塘豆腐已進入省城昆明以及各州（市）酒店、賓館，日產量已達數萬塊。小小豆腐身系民生大計，連接旺盛人氣，成為火鍋、炒、鹵、燉品原料，上登大雅之堂，下入尋常百姓之家，真是個頭雖小價值高，"小文章可做出了大效益"。

倘塘豆腐

6. 界首的白煮茶乾

白煮茶乾，數安徽界首的口味地道。

白煮茶乾

人到界首鎮，先逛逛老街。最好是在細雨霏霏的時候，一地石磚泛起迷蒙的清亮悠悠遠去，白牆木窗的牌樓微微傾出，瓦簷下落水連線，身子卻淋不著雨，這是老街人文的美。因為西傍運河堤坡，老街滋生的小巷一律向東。拐進太平巷，一人多高的上方，佈滿高低錯落的木質雨篷，水漬斑斑，雨點打在上面發出"嘭嘭"的細音。牆根厚厚地爬了一溜邊的苔衣和星星點點的小花。偶爾，你的右側又會凹進去一戶，深約一丈，門樓上聳出一株粗枝大葉的枇杷或是柏樹，風一吹，沙沙作響。這時，你會嗅到一股夾雜著中藥味的香氣，淡淡的，卻吊足了胃口。原來，這戶人家的白煮茶乾的鍋燒開了，香氣漫進了太平巷。

聽老輩人講，界首白煮茶乾早在乾隆年間就是一種豆食貢品，當時有手掌一般大小。茶乾的傳說很多，說得最多的是蝦米蘆席茴香鍋。從前，界首鎮上家家打魚捕蝦，只有一戶賣豆腐乾的。一天，賣豆腐乾的向鄰居借了兩張曬蝦米的蘆席，把一連幾天賣剩下的豆腐乾擱在上面曬。傍晚時，豆腐乾上粘著一層蝦米，曬成了硬邦邦的醬色，已沒法吃，只好倒進開水鍋裡回軟，順手撒了一把小鹽、小茴香調調味，想不到豆腐乾起鍋瀝水後，撿一塊嘗嘗，滋味如雞肉一樣鮮嫩，還透著一點點茴香蝦米的異香，故取名"五香茶乾"。從此，五香茶乾與高郵湖的鮮魚鮮蝦一起，成為界首漁家美食一絕。茶乾的吃法多種多樣，最好吃的當數白煮茶乾絲。操快刀將茶乾削成上下兩塊，再切成細絲一堆，等湯鍋裡的水翻出大泡，加入茶乾絲合上鍋蓋白煮，一會兒工夫，豆香、蝦米香撲鼻。坐在隨風蕩漾的船艙裡，夾一筷茶乾擱進嘴裡，喝一盅漁家米酒，你還想上岸回家嗎？

7. 如意回鹵乾

如意回鹵乾

南京歷史悠久，南京人也願意把各種小吃和歷史沾上邊，例如這普普通通的回鹵乾。傳說朱元璋在金陵登基後，吃膩了宮中的山珍海味，一日微服出宮，在街頭看到一家小吃店正炸油豆腐果，香味四溢，色澤金黃，不禁食慾大增。他取出一錠銀子要店主將豆腐果加工一碗給他享用。店主見他是個有錢的紳士，立即將豆腐果放入雞湯中，配以少量的黃豆芽與調料同煮，煮至豆腐果軟綿入味後送上，朱元璋吃後連連稱讚。從此這種油豆腐果風靡一時，流傳至今。因南京人在燒制中時常加入豆芽，其形很像古代玉器中的玉如意，故被稱為"如意回鹵乾"。

8. 採石茶乾

清乾隆年間，安徽馬鞍山採石翠螺山下有個老頭，誰也不知他叫什麼名字，都喊他"勤老漢"。勤老漢夫妻倆無兒無女，雖說人勤快，一年到頭種菜、打魚、忙忙碌碌，可就是糊不了口。

老漢家門前就是大路口，每天人來人往。有的腳夫長途跋涉，來到這裡又餓又累，就倚在牆角啃幾口冷饅頭；有的漁民捕魚乏了，就把船停在橋頭，進粥棚買碗稀糊糊喝下肚，又匆匆下江去撒網。勤老漢想：要是能做一種攜帶方便，既便宜又好吃的豆腐乾，讓行路人就飯吃該多好！

他把老伴去年秋天到江心洲揀來的小半口袋黃豆淘了淘，泡了泡，連夜用石磨磨了起來。

"哈哈！這樣做成的乾子沒味！"

誰在大聲說話？老漢抬頭一看，門口立著個鶴髮童顏的駝老翁，身背油簍，倚在門框上，望著石磨直咧嘴。老漢趕忙扶他進屋，老翁道："勤兄，這樣的磨法，豆汁走光了！"

"老哥，那你說怎樣磨才好？" 勤老漢端了一碗熱騰騰的豆漿，雙手捧給老翁。老翁謝過之後，蹲下身子，一手下料，一手推磨，不緊不慢，動作十分利索。勤老漢望著，心中讚歎不已，忍不住問道："你年輕時也做過？"

"沒有，我不過走的地方多了，處處留神學了一點罷了！"

"你家住哪？"

"沒家，靠賣油過日子。" 老翁歎了口氣，"往後，有什麼難處，你找我好了。不在九華山的廟堂裡，就在丹陽鎮東頭第九家。"

老翁走後，勤老漢學著他的樣子做豆腐乾，做好了掰一塊放嘴裡嚼嚼，味道不錯。再到對門江癩子家買一塊嘗嘗，可又比不上人家。上門求教，江癩子二郎腿蹺上了天。勤老漢和老伴商量，想上九華山去求教賣油老翁。老伴說："哎喲，這麼一大把年紀了還學個啥呢？"勤老漢笑笑："看你說的，孔老夫子，六十學吹打，我比他還年輕八歲哩！"

他背上乾糧，跋山涉水，櫛風沐雨，走了四天四夜，來到九華山。詢問了多少村，打聽了多少寨，才摸到老翁講的廟堂，伸頭望望，裡面空蕩蕩的。他失望了，一屁股坐在門口石階上，埋怨起老翁來。

"饅頭呦，剛出籠的饅頭———"

正犯愁，見前面樹蔭下有位老婦在叫賣。他摸摸肚子，癟塌塌的，就去買了一個饅頭，咬一口，鬆軟香甜，很有味！連吃十個，還不過癮。他問："大姐，你的饅頭怎麼蒸得這樣好？"

老婦笑呵呵地說："沒啥巧，門道都在放面頭上。面頭大了，發的時間短一點；小了，發的時間就長一點。還要留神天氣冷熱……"

勤老漢細想了一番，一拍大腿："哎喲，做乾子不也是這樣嗎？門道就在點石膏上，不能多，也不能少。時間也得把握得當。對，竅門就在這！"

他顧不得路途遙遠、山高水深，連夜往家趕。進了門，不吃也不喝，就學點石膏。困了，就趴在磨上打個盹；餓了，就抓把豆腐渣往嘴裡填。整整花了兩個月，老夫妻倆終於摸到了竅門。

對門的江癩子是個唯利是圖的人。他見勤老漢的乾子超過了自己，氣不過，蹲在家門口，罵罵咧咧，一刀把家裡的老母雞宰了，熬一鍋湯，將乾子倒進去煮。這一鍋香噴噴的乾子，招來不少過客，一下子又把勤老漢比下去了。勤老漢想："他能殺一隻，我能殺三隻！"一把米把雞都引來，一伸手逮住一隻，舉刀要殺，老伴眼淚汪汪地攔住了他："你把這生蛋換油鹽的寶貝殺了，不過日子啦？"勤老漢想了想，把拎在手裡的雞又放了。

他又想起了賣油翁。再上九華山吧又怕找不到，決定到老翁講的第二個地方——丹陽鎮去找。

頂著炎炎烈日，老漢曉行夜宿，走了五天五夜，來到鎮上。他顧不得喘口氣、喝口水，就從街東頭數起，一、二、三……到了第九家，抬頭看看，原來是個藥鋪。一個瘦骨嶙峋的老郎中端坐在店堂裡。

"請問，有個賣油翁住這兒嗎？"

老郎中上下打量著滿身汗水的勤老漢，說："有時，他在門口賣油。這幾天沒來，你等吧！"

勤老漢往門口一坐，從早等到晚，從天黑等到雞啼，兩天兩夜，也不見賣油翁的影子。

第三天早晨，勤老漢見一個胖屠夫走進藥店，要買三斤三兩八角、二斤二兩甘草、一斤一兩桂皮，還有冰糖、香料，雜七雜八一大堆。老郎中一邊稱藥，一邊笑呵呵地問："怎麼樣？那湯里加上我配的方子，可有味？"屠夫笑著道："那還用問！人家都說我這骨頭湯賽神仙哩，哈哈哈！"

勤老漢心裡一動，也從郎中那裡如數買了一包，並且把那些草藥的名字、配方，一一記在心裡。

他風塵僕僕地往回趕，一進門，就把老伴做的乾子往鍋裡一倒，加上八角、甘草、桂皮、冰糖……讓老伴加火煮。不一會兒，屋裡香氣四溢，揭開鍋蓋看看，那一塊塊乾子暗紅暗紅，光看一眼，就叫人口水直淌。

這回，江癩子傻了眼，不知老漢鍋裡放了什麼山珍海味。他氣得把大鍋往路口一支，想搶勤家的生意。可勤家乾子一上市就被搶購一空，甚至有人說勤老漢的茶乾不但能當菜，還能除病袪火。不出三天，江癩子的乾子全都發了黴，餿得連狗都不聞。

幾個月一過，勤老漢又犯愁了，找上門買乾子的人不計其數。任憑夫妻倆沒日沒夜地趕，仍供不應求。勤老漢背累駝了，眼忙花了，常常一倒下就呼呼大睡。夢中，勤老漢似乎覺得自己全身長了千百雙手，眨眼工夫，做出的乾子堆積如山。他將乾子分送給過路的腳夫、船工和伸著小手的娃娃……

"哈哈哈！"

一陣爽朗的笑聲把他驚醒，一睜眼，只見賣油翁笑眯眯地站在門口，勤老漢忙上前拉住他那結滿老繭的大手："老哥，你害得我好苦呀，為找你，我腿都跑斷了！"

老翁收住笑，問道："見到賣饅頭的奶奶和那老郎中了嗎？他們都是你我的師傅呦！"

"師傅？"

見勤老漢迷惑不解，老翁又說："古人言，處處留心皆學問，老師處處都有，只要心勤、眼勤、腿勤、手勤，天下沒有學不會的本事！"

勤老漢一拍腦袋："你是在教我學手藝的竅門呀！" 他激動地拉著老翁的手道："老哥，好師傅，謝謝你的指點！"

打那天起，不論是雪花飄飄的嚴冬，還是烈日炎炎的酷暑，老夫妻倆一直咬著牙苦練。不僅掌握了一磨、二攪、三點漿的絕招，還學會了配料、壓乾子、包乾子等全套手藝。別看他倆年紀一大把，可幹起活來，那兩雙手就像燕子一樣上下翻飛，誰見了不嘖嘖伸舌頭？

做得多，賣得快，乾子的名氣就更大了，不出三年，就傳遍了江南。老夫妻倆還不滿足，又用火腿、蝦米為配料，做出了各色各樣的茶乾。

據說，勤老漢臨終前，把手藝傳給了徒弟，徒弟又傳給了徒弟，七傳八傳，傳到了江癩子的子孫手裡。江家為了發財，帶著手藝跑到外地，也開起了採石茶乾鋪。也怪，在別處做出來的乾子就是味道不美。

有人說，採石茶乾是勤老漢用採石的水製成的，那水裡摻著老夫妻倆的汗水，味道自然鮮美囉！

9. 臭豆腐的來歷

也不知道是多少年前，有一對老夫妻，他們以討飯為生，經常受凍受餓。有一年，又到了年關。老頭子出去討飯，討了整整一天，好不容易討回來一塊豆腐。他捨不得吃，就讓給老婆子吃，老婆子也捨不得吃，就把它放在一個罐子裡存起來。

轉眼過了年。一天傍晚，老頭子端著空碗蹣跚而歸，一進家門就癱倒在門口。他唏噓地對老婆子說："我餓極了，能不能找點吃的，我就要餓死了。"老婆子聽後潸然淚下，對他說："老頭子呀，咱們這日子，本來就是吃了上頓沒下頓的，前幾天你又生了病，沒有去討，家裡早就揭不開鍋了，哪還有吃的，就連老鼠都跑光了。"說著大哭起來："老天爺呀，這是不讓我們活了，乾脆就一起死了吧！嗚嗚嗚！"老婆子越哭越傷心。老頭子歎息著說："咳！老婆子呀，就是死，咱們都死不起呀！死也得有一包耗子藥哇！"他也跟著哭起來，就這樣，這對老夫妻抱頭痛哭了很久……

也許他們的哭聲真的感動了老天爺，也許人在餓急了的時候，鼻子特別的靈，總之，老頭子在這生死存亡的時刻，聞到了一股飄然而至的臭味。他迷惑地抬起頭，擦了擦老眼，問老婆子："老婆子呀，這是什麼味道呀？"老婆子停止了哭泣，聞了聞，突然轉憂為喜，大喊："豆腐！老頭子，是我藏的豆腐！咱們有救了！"她邊喊邊爬到床下，抱出一個罐子，急切地打開，往裡一看，接著又哭了起來。原來藏在裡面的豆腐早已長滿了綠毛，正發出刺鼻的臭味，它變質了。

看著絕望的老婆子，老頭子卻鎮靜下來："老婆子呀，不管怎樣，這塊豆腐，就算是咱們最後的晚餐吧。我們把它吃了吧，是生是死，就聽天由命了。"於是，他們吃了這塊帶著綠毛的臭豆腐。

又過了若干年，老頭子和老婆子雙雙謝世。出殯的那天，許多未曾謀面、

臭豆腐

衣冠整齊、自稱是他們的徒子徒孫的"講究人"，絡繹不絕地前來送葬。他們生前居住的小茅屋，也被這夥人扒掉，在原地蓋起了一個很大的作坊。村裡的鄉親們發現，這個作坊只生產一種產品，那就是被刷去綠毛，裝到一個個罐子裡，還貼上紅帖的臭豆腐。

據說那豆腐，不僅沒藥死這老兩口，反而被他們加工成一種聞著臭、吃著香的食品。而這種食品越賣越火，越做越大，一直賣到 21 世紀的今天，幾乎"臭"遍了中國。

10. 北京王致和臭豆腐

相傳清康熙八年（1669 年），安徽仙源舉人王致和赴京趕考卻名落孫山，想返回故里，盤纏又不夠，就想留在京城攻讀三年，準備再次應考。然而"京城米貴，居大不易"，別說手裡沒錢，就是有幾個錢，天天坐吃山空，兩個月也難挨，得找個事做。做什麼呢？王致和琢磨了幾天，心想還是做老本行吧。原來王致和的父親在家鄉就是開豆腐坊的，王致和打小就在豆腐坊裡打下手，可以說除了四書五經，他最熟的就是"豆腐經"了。於是，他就在安徽會館旁邊租了兩間房子，買了石磨、大缸、大鍋，砌了鍋灶，配齊了傢伙，再上街買了幾斤黃豆，做起了豆腐。還別說，前街後巷的那些街坊鄰居都認可他的豆腐，王致和也還能維持生計。第三年的夏天，有一天，王致和店裡的豆腐做得太多，剩了不少，都發了黴，沒法食用，但又捨不得扔。王致和就把剩下的豆腐切成小塊，稍加晾曬，撒上鹽和香料，放到小罐子裡醃了起來。天長日久，他就把這事忘了。一天，王致和拾掇東西，看到了這口罐子，想起了這事，急忙打開壇蓋，一股臭氣撲鼻而來，用筷子夾出一看，豆腐成了青灰灰的顏色，試著嘗嘗，

北京王致和臭豆腐

卻覺得臭味中有一股鮮美的味道，送給街坊鄰居品嘗，也都齊聲誇好。

　　這一年秋天，王致和應考又未中，不免有些心灰意冷，於是放棄了科考，一門心思地做起了豆腐生意，專門在前門外延壽街開了個醬園，生產起了臭豆腐。王致和識文懂墨，有文化，愛琢磨，手藝越來越精，臭豆腐越做越好，名氣越來越高。

　　清末的一天，咸豐狀元、安徽壽州人孫家鼐身體不舒服，吃飯沒有胃口，手下人靈機一動，給他推薦了王致和的臭豆腐。孫家鼐急忙令人去買。買來後放廚房裡蒸一蒸，調上香油，就著臭豆腐一連吃了兩塊油合子。此後常常派下人買來下飯，並應店主的請求寫了兩副對聯，"致君美味傳千里，和我天機養寸心；醬配龍蟠調芍藥，園開雞跖種芙蓉"。每句的頭一個字連起來就是"致和醬園"。傳說慈禧太后也喜歡吃王致和臭豆腐，還將它列為御膳小菜，只是嫌名字難聽，便因它青色方正的特點，給它取了個名字叫"青方"。

11. 雲南路南鹵腐

　　鹵腐，又稱腐乳，是以豆腐為原料醃制而成的一種食品。路南鹵腐，色澤鮮豔，呈金黃色，味鮮回甜，細膩化渣，清香可口，在雲南醬菜中名列前茅，是1980年雲南省優質產品之一。

　　關於這路南鹵腐，還有個美麗的傳說呢。很久以前，路南黑龍潭旁，有一個美麗的撒尼姑娘，名叫娌妹。她美麗聰明，人勤手巧，小夥子們做夢都想娶她做媳婦，可她哪個也瞧不上，只喜歡鬥牛奪魁而獲得一頭黃牡牛的牧人阿魯。倆人經常在月光下相會，情投意合......娌妹的後娘是個狡點的女人，她早就盤算好了，將娌妹嫁給富貴人家，好收一筆彩禮。當阿魯來求親時，她貪婪地要很多錢財。小夥拿不出，她

雲南路南鹵腐

便虛情假意地說："黑龍潭裡有的是最好的水，做豆腐攢了錢，再成親。" 忠厚的阿魯老實地答應了，每天都到她家幹活，五更起，半夜睡，用路南黃豆和黑龍潭水磨豆腐，做了一盆又一盆，後娘卻總說不夠。

歡樂的火把節，年輕人都去石林摔跤、看鬥牛、談情說愛，娌妹和阿魯卻挑著豆腐，到處去賣。只賣了一部分，其餘的被捂得發黴，成了半乾臭豆腐，還長出了一層細細的白絨毛。後娘見了暴跳如雷，阿魯氣得無精打采，難過得直搖頭。娌妹卻笑呵呵地講："急哪樣？刺棵擋路用刀砍嘛，得動腦筋想辦法。" 她想了幾天，將黴豆腐劃成小方塊，放進缸中，然後加進八角、茴香和辣椒，阿魯又加進白酒，放了香油，用菜葉包裹嚴實，用油紙紮禁壇口。擱置一段時間後，兩人將罐子抬到街上揭開油紙，清香撲鼻，過往的人饞涎欲滴，爭相購買。

兩人又小壇換大缸，生意越來越興隆，後娘只得同意他們成親。婚後，小倆口開了個鹵腐鋪，鹵腐越做越精，路南鹵腐從此出了名。

路南鹵腐是以豆腐為原料經發酵後劃為小塊，曬、捂為黴豆腐坯，浸酒控乾，裹上配料醃製而成。鹵腐分為油鹵腐、葉鹵腐、酒鹵腐。三者均為冬制、春貯、夏食，揭開罐封，濃香撲鼻，用以佐餐，解油醒食，能增進食欲、幫助消化，令人久食不厭，是色、香、味俱優的佳品。

12. 黴豆腐的來歷

貴州惠水縣雅水一帶，布依族過年的時候，除了臘肉、香腸、血豆腐這"三大菜"之外，還有一道菜是必做的，那就是黴豆腐。而當地也流傳著一個關於黴豆腐來歷的故事。

相傳很久以前，有一個做小本生意的年輕人，名叫阿岑。他跑長途買賣，又是光棍漢，所以平時生活很簡單，每頓飯只要有塊白豆腐就可以了。

有一年冬天，一天，阿岑正在吃飯，同伴又來催他上路。由於匆忙，他顧不上收拾，把吃剩下的那塊白豆腐放到鹽罐裡蓋起來，就急急忙忙地走了。哪知道一去就是半個月。回家那天，他又累又餓，趕緊做好飯。想起上次還剩下半塊豆腐，便揭開鹽罐，可豆腐已發黴，長了寸長的毛。另外去買吧，

已經餓得不想動,沒辦法,他只好拿生毛的豆腐來下飯。他用筷子試著蘸一點來嘗,想不到竟有一股說不出來的香味,越吃越捨不得放下筷子。他驚奇地看著這發黴的豆腐,仔細地想:豆腐擱在鹽罐裡封好,時間一長,就會變成又香又好吃的黴豆腐。

徽豆腐

於是,阿岑不再跑買賣了,而是在家做起黴豆腐生意來,生意非常興旺,那年春節他就賺了不少錢。不久,他蓋起了新房子,娶了新媳婦。後來,阿岑將做黴豆腐的技術流傳開來,人們一傳十,十傳百,大家都會做了,於是每到過年,人們的餐桌上又多了一道風味好菜。

13. 畢節臭豆腐乾

貴州畢節盛產大豆,豆製品也豐富多樣。在種類繁多的豆製品中,尤以臭豆腐乾最為有名。臭豆腐乾其實不臭,且具有一種獨特的香味,其質地酥嫩細膩,食之清爽適口,若搭配以辣椒、花椒、鹽等調料食用,味更鮮美。長期以來,畢節臭豆腐乾一直是雲貴川三省人民喜歡的佐餐下酒食品。

畢節生產臭豆腐乾已有百餘年的歷史。相傳,清道光年間,畢節縣城內有一家豆腐作坊,有一天做得豆腐過多,沒有賣完。店主人怕老鼠偷吃,就將豆腐分別放在幾個木櫃內。第二天取時,有一個櫃子被忘了,沒有取出其中的豆腐,到第三天取出一看,豆腐已經發黴長毛了,卻散發出一股特殊的香味。

畢節臭豆腐乾

主人捨不得扔掉，便抹上食鹽用木炭烤後出售，結果因其別有風味，很快就賣完了。畢節臭豆腐乾由此問世並漸漸出了名。

14. 忠州豆腐乳

傳說在北宋太平興國年間，四川忠州（今重慶忠縣）城邊有個小豆花店，豆花做得很好。店主劉三娘，待人熱情，愛做好事，遇著討口要飯、腳瘸眼瞎的人，寧願自己少吃一碗，也要騰碗飯給他們吃，人們都叫她"劉善良"。

一天，劉三娘同 14 歲的兒子劉柱香正在做豆花，一個獵人提著一隻白鶴進店休息，買了一碗豆花、一碗酒吃起來。劉柱香看見白鶴眼巴巴地望著自己，心中不忍，就要求獵人把白鶴賣給他，獵人不肯。劉三娘也向獵人求情，用了一吊銅錢，買下了這只白鶴。後來劉柱香天天給它塗藥治傷，捉魚蝦、螺螄餵它。養了七七四十九天，白鶴傷好了，劉三娘對它說："去吧，以後多多留心。"白鶴點點頭，飛上了天空，繞著豆花店飛了三圈，才向遠處飛去。

過了不久，一個年輕尼姑挑著一擔清水，來到劉家店鋪休息，忽然昏倒在地。劉三娘同兒子把她扶進店中，從鍋裡舀碗熱豆漿，用湯匙舀著慢慢餵她。尼姑蘇醒過來，劉三娘又熬了碗姜糖開水給她喝，並和她聊了起來。尼姑走時千謝萬謝劉三娘母子救命之恩。還說："三娘，你救了我一命，我出家人沒什麼謝你，只有這擔清水相送，你用它能做出最好的豆花來。"劉三娘說啥也不要，說："我救你哪是為了讓你謝我，我絕不收你的水！你快挑走吧！"尼姑一閃，走出門外。劉三娘叫劉柱香挑著水桶去追，可哪裡追得上？他人小力氣小，累得上氣不接下氣，追了幾十步，便把桶頓在一棵枯樹旁。誰知桶一落地，就化成一眼井，井水清亮，喝一口，甜滋滋的。劉家弄泉水來做豆花，做出的豆花又鮮又嫩，人們特別愛吃，生意一天天好起來。

城裡有個姓王的大財主，家裡很富有，在這一方稱王稱霸，人稱"王半城"。王半城也開著個豆花鋪，但做出來的豆花吃起來像嚼爛棉絮，吃的人很少。他見劉三娘生意好，十分眼紅，暗中打聽，才知道是井水的緣故。他想霸佔這眼井，便帶著幾個家奴，氣勢洶洶地來到劉三娘家說："這眼井是我家的祖業，我要收回。你們不能再到這井裡來挑水了！"

劉柱香不服，大聲說了這眼井的來由。王半城打個手勢，幾個家奴一擁而上，拳打腳踢，把他打了個半死，還砸爛了鍋瓢碗盞。劉三娘見了，哭得死去活來，鄰居們也憤憤不平，都咒罵王半城是個黑心腸，並安慰劉三娘，為劉香柱送藥送糖送雞蛋。

王半城霸佔了這眼井後，很得意，用井水做了一鍋豆花，嘗一口，確實好吃。心裡盤算著，如果把豆花鋪開大點，肯定要發財。於是，發出請帖，選個好日子，請大小官員以及城中的一些紳士來吃豆花宴。清早，王半城叫人挑來兩擔水，用兩升黃豆磨成五桶豆漿，倒在鍋裡燒著。賓客們陸續到齊了，王半城向他們吹噓這井水打的豆花是如何如何好，講得口水四濺，聽得人也口水直流。然而午時過了還不見下人把豆花端出來，客人們都等得不耐煩了。王半城走進廚房一看，鍋裡還是清水，便開始焦急起來，但卻假裝沒事的樣子，出來招呼客人稍微等一下。可等到酉時，太陽都偏西了，還是沒有一點豆花端出來。客人們肚子餓得咕咕叫，七嘴八舌說起了風涼話來："王員外今天是'半魯'請客。""王員外是精明人，請客不花半文錢！"……

隨後，客人們一個接一個地嘟著嘴巴走了。王半城感到臉面丟盡，只有找水井出氣。他帶上幾個家奴，拿著鋤頭耙子，沖到井邊，挖土填井。挖了幾下，突然"嘩"的一聲，從井中飛出一隻白鶴，兩下就啄瞎了王半城的眼睛，抓破了他的臉皮，朝遠處飛去了。王半城痛得在地上打滾，回家沒幾天就死了。

劉柱香被打成重傷，幾天來滴水不進，粒米不沾，劉三娘十分擔心，哪有心思做豆花生意，原先做的豆花也放著不管，成天守著兒子哭。過了幾天，劉柱香的傷漸漸好了些，能吃小半碗稀飯了，劉三娘才去經營豆花，到廚房一看，豆花全黴了，長滿一層白絨毛。這怎麼吃，只有倒掉！想到兒子傷沒好，豆花又爛了，這些日子怎麼過呀，就傷心地哭起來。這時，一隻白鶴飛到她屋前，變成白衣女尼，走進屋來，摸出一顆紅藥丸，遞給劉三娘，勸她說："我本是白鶴仙子，前次被獵人射傷捉住，全靠你母子相救，特用井水報答恩情，哪曉得反而害了你們。現在惡人已除，莫再焦愁，這顆藥可治好你兒傷痛。這些黴豆花，也有法子。"說著口念一偈："長黴心莫焦。裝壇加作料，待到六月後，滿城香氣飄。"說完，化為白鶴騰空飛去。

劉三娘謝過白鶴仙子,馬上舀碗水,讓劉香柱服下藥丸。真是仙丹妙藥,劉香柱吃下就好了。母子倆歡天喜地,趕緊找來三個壇子,把長黴的豆花塊放進去,加進鹽水、白酒、陳皮和八角等調料,用稀泥巴把壇口封好。六個月後,她揭開稀泥巴,清香濃郁,嘗一口,味道美極了。母子倆歡喜得不得了,給

忠州豆腐乳

它取了個名字叫"黴豆腐",因為泡的鹽水好像乳汁一樣,又叫它"豆腐乳"。就這樣,劉三娘的生意又興隆起來了。

劉三娘去世後,劉柱香還是用那井水做豆腐乳,後來不斷改進做法,小壇換大壇,豆腐乳越做越好,名氣越來越大。

15. 桂林豆腐乳

很久以前,桂林臨桂四塘橫山村有一戶打豆腐的鋪子。開鋪子的是兩個老人和一個女孩。一家三口勤勤懇懇,精心製作,打出的豆腐又白又嫩,方圓幾十里的人都愛到他們這個鋪子買豆腐吃。

有一天,他們剛點完幾板豆腐,就聽到村裡很熱鬧。他們跑出去一看,原來是歌仙劉三姐到桂林傳歌,村裡的人拖兒帶女,要趕到桂林聽山歌。

老兩口和女孩是山歌迷,一聽到這個消息,急急忙忙把鋪門一關,跟著村裡的人趕歌會去了。

劉三姐真不愧是歌仙,她一連唱了七天七夜,聽得成千上萬的歌迷如痴如醉。如果不是柳州人來打岔,請三姐去赴歌會,恐怕聽個十天半月都不會完。

聽罷山歌,他們回到屋裡一看,哎喲,屋裡的豆腐都長出了一層白絨絨的毛。這樣的豆腐哪還賣得出手!

老頭子直歎氣,老媽子還在品劉三姐山歌的味道,總講聽了劉三姐的歌,

桂林腐乳

死都值得了，講得老頭子發火了，大喊把豆腐拿去倒掉。

母女倆抬起幾板長了白毛的豆腐，想起做這豆腐的豆子，又心疼得倒不出手。剛好廚房邊有幾個大罐子，她們就在這些豆腐上灑些鹽和三花酒，一塊塊裝進罐子裡醃起來，打算自己吃。

日子一久，她們也就忘記了這件事。

那一年四塘遭了災，官府只管收捐，不管百姓死人倒灶。這一家三口眼看連飯都沒得吃了，吊起鼎鍋只有歎氣。這裡，女孩猛然間想起了以前那幾壇醃豆腐，這總比吃樹皮、觀音土好點。

她打開罐子一聞，哎呀，一股香味引得四鄉都流口水，夾一塊嘗嘗，那細滑香嫩的味道，就是山珍海味也沒得比。他們把醃豆腐拿到城裡去賣，整個桂林都沸騰了。

從此，四塘橫山的醃豆腐就出了名。

清雍正皇帝得了病，吃什麼山珍海味都覺得像寡淡無味。當時陳宏謀在朝廷當大官，他是四塘人，就帶了一壇醃豆腐獻給皇帝，皇帝吃了醃豆腐，胃口大開，讚不絕口，就問陳宏謀這是什麼，陳宏謀不敢講是鄉村裡的醃豆腐，就講這是桂林的特產"乳腐"。從此，桂林的"乳腐"就作為貢品，年年獻給皇帝。而後來，桂林人恨死了清廷的腐敗，為了表示反清意志，就把"乳腐"倒過來，叫作"腐乳"。

第二編　現代豆腐製作工藝

　　豆腐的製作看似簡單，實則不易，要做出好的豆腐，必須具備豐富的經驗和技巧。俗話說"豆腐水做"，離開水，豆腐也就不存在了，水是豆腐製作的必備要素；大豆的浸泡、研磨、燒煮、點漿、澆制、壓榨缺一不可，只有環環相接，恰到好處，才能製作出上好的豆腐；同時，選用健康安全的添加劑，採用簡便科學的工藝也極其重要。

一、豆腐製作中使用的添加劑

1. 消泡劑

泡沫可定義為液體介質中穩定的氣體。泡沫是一種氣體在液體中的分散體系，氣體成為許多氣泡被連續相的液體分隔開來，氣體是分散相，液體是分散介質。

泡沫局部表面張力降低導致泡沫破滅。消泡劑撒在泡沫上面，當其溶入泡沫液，會顯著降低該處的表面張力。因為這些物質一般對水的溶解度較小，表面張力的降低僅限於泡沫的局部，而泡沫周圍的表面張力幾乎沒有變化。表面張力降低的部分被強烈地向四周牽引、延伸，最後破裂。

消泡劑能破壞膜彈性，從而導致氣泡破滅。消泡劑添加到泡沫體系中，會向氣液介面擴散，使具有穩泡作用的表面活性劑難以發生恢復膜彈性的能力。

消泡劑能促使液膜排液，從而導致氣泡破滅。泡沫排液的速率可以反映泡沫的穩定性，添加一種加速泡沫排液的物質，也可以起到消泡作用。

添加疏水固體顆粒可導致氣泡破滅。在氣泡表面，疏水固體顆粒會吸引表面活性劑的疏水端，使疏水固體顆粒產生親水性並進入水相，從而起到消泡的作用。

泡沫在生產中有如下危害：在傳統的手工作坊及用外置鍋爐的豆漿機做豆漿時，豆漿加熱到 60℃左右便會產生大量的泡沫，稱假沸騰現象。由於泡沫的原因，會造成有用或貴重原料因漫溢而損失，由此產生的浪費就不言而喻了。

這時就需要加入消泡劑進行消泡，才能維持正常生產。常用的消泡劑有以下幾種：

（1）油腳，是炸過食品的廢油或是壓榨油脂時的沉澱物，含雜質多，極不衛生，但價格低，手工作坊多用這種消泡劑；

（2）油腳膏，是酸敗油脂與氫氧化鈣混合物製成的膏狀物；

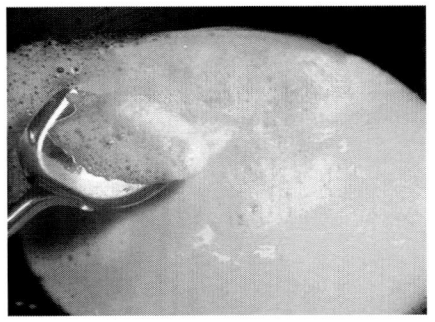

（3）有機矽樹脂，國家標準只允許使用量在十萬分之五以內；

（4）粉狀豆製品消泡劑，活性成分包括單甘酯、磷脂、矽油、輕質碳酸鈣；

（5）脂肪酸甘油酯。

假沸騰

這裡要特別說明的是一種可不使用消泡劑的裝置。"中科華寶"生產的豆漿機和豆奶機，由於採用專利技術——內置式熱轉換系統，克服了生產中的假沸騰現象，所生產的豆漿、豆奶完全不需要任何消泡劑和各種添加劑。

2. 凝固劑

凝固劑又稱強凝聚劑或即效型凝聚劑，是一種能使膠乳或橡膠溶液迅速凝固的物質，種類較多，應用很廣。因其粒子能中和膠體粒子的電荷，加入熟豆漿中，可使已經發生熱變性現象的大豆蛋白質發生凝固作用，由蛋白質溶膠變成蛋白質凝膠。鹽類和酸類均可作為凝固劑。常用的凝固劑有鹽鹵（氯化鎂）、熟石膏（硫酸鈣），以及其他鈣鹽、有機酸、葡萄糖酸內脂等。有些地方用 pH4.2~4.5 的酸黃漿水做凝固劑，它能作為使食品中膠體（果膠、蛋白質等）凝固為不溶性凝膠狀態的食品添加劑。大豆製品的凝固劑基本上分兩類，即鹽類和酸類。鹽類如硫酸鈣、硫酸鎂、氯化鈣等，酸類如醋酸、乳酸、檸檬酸、葡萄糖酸等。

本書對其他的凝固劑只做大概的介紹，主要就鹽鹵進行說明，重點瞭解

石膏粉

鹽鹵在豆製品生產中的使用方法和用量。只有很好地掌握鹽鹵的特性和機理，才能生產出品質上乘的豆製品，也才能提高豆製品生產的效率和出品率。

　　鹽鹵又稱苦鹵，是海水或鹽湖水制鹽後，殘留於鹽池內的母液。主要成分有氯化鎂、硫酸鈣、氯化鈣及氯化鈉等，味苦、有毒，蒸發冷卻後析出氯化鎂結晶，稱為鹵塊。

　　鹵塊溶於水亦稱鹵水，濃度一般為 20°Be′～29°Be′。做凝固劑用時，濃度一般為 18°Be′～22°Be′，用量約為原料中大豆重量的 2%～3.5%。其點鹵方式為：在攪動熟豆漿的同時，持續而緩慢地加入鹽鹵；亦可將鹽鹵間歇加入熟豆漿中，中間有一定的時間間隔。

　　用鹽鹵做凝固劑，凝固速度快，蛋白質的網狀組織容易收縮，制得的豆腐持水性差。一般制豆腐乾、油豆腐等豆製品採用鹽鹵作為凝固劑較合適，制得的產品沒有澀味，口感較好。

　　鹽鹵是我國北方制豆腐常用的凝固劑。用鹽鹵做凝固劑製成的豆腐，硬度、彈性和韌性較強，稱為老豆腐，或北豆腐、硬豆腐。

　　因鹽鹵對口腔、食道、胃黏膜會產生強烈的腐蝕作用，對中樞神經系統有抑制作用，患者誤食後，會出現噁心嘔吐、口乾、胃痛、腹脹、腹瀉、頭暈、頭痛、出皮疹等症狀，嚴重者呼吸停止，休克，甚至死亡。

3. 防腐劑

　　食品的防腐保鮮是食品生產行業所面臨的最大難題之一。食品在貯藏期間會受到細菌、黴菌、酵母菌等微生物的作用而腐敗變質。變質食品不僅失去其營養價值，而且發生感官變化，甚至產生有毒物質。長期以來，為保存食品，人們採取了一系列物理和化學方法，如低溫、加熱、降低水分活性、真空包裝、添加防腐劑等，但是至今仍未根本解決食品的防腐保鮮問題。目前，在冷藏鏈還不完善的情況下，防腐劑保鮮仍佔重要地位。食品加工企業主要採用化學合成的防腐劑，如山梨酸、苯甲酸、丙酸等，但化學合成防腐劑的安全性受到質疑。隨著人們對食品品質要求的不斷提高，開發廣譜、高效、天然、安全的食品防腐保鮮劑已成為當前食品科學研究的熱點之一。

防腐劑是為抑制微生物的生長繁殖，防止食品腐敗變質，延長保存時間而使用的食品添加劑。狹義上稱為防腐劑，廣義上是殺菌劑和抑菌劑的總稱。

防腐劑必須在食品中均勻分散，如果分散不均勻，就達不到較好的防腐效果。防腐劑溶解時，溶劑的選擇要注意，有的製品不能有酒味，就不能用乙醇作為溶劑；有的食品不能過酸，就不能用太多的酸溶解。溶解後的防腐劑溶液，也有不好分散的情況，由於加入食品中，化學環境改變，局部防腐劑過濃便會有防腐劑析出，不僅降低防腐劑的有效濃度，還影響食品的外觀。

防腐劑的殺菌作用很小，只有抑菌的作用，如果食品帶菌過多，添加防腐劑是不起任何作用的。因為食品中的微生物基數大，儘管其生長受到一定程度的抑制，但是微生物增殖的絕對量仍然很大，最終其代謝分解使防腐劑失效。因此，不管是否使用防腐劑，加工過程中嚴格的衛生管理都是十分重要的。

現在業內對防腐劑的認識已進入誤區。一種是把防腐劑當靈丹妙藥，以為加了就萬事大吉，其實防腐劑只起抑菌的作用，如果生產工藝不做調整與控制，造成初始菌過多，也是沒用的。另一種是把能加的防腐劑都按限量加個遍，這樣便導致成本增加且很容易犯超量使用防腐劑的錯誤。

保鮮其實是一個系統工程，要從原料、工藝、包裝、車間、機械、員工多方面通盤考慮減菌及抑菌的問題，只有這樣，才能花最小的成本，達到最佳的保鮮效果。

在豆製品中適量添加相關防腐劑，會起到良好作用。豆製品生產常用的防腐劑有脂肪酸甘油酯、甘氨酸和溶菌酶等，這些物質對耐熱性芽孢桿菌、革蘭氏陽性菌等各種黴菌有較強的抗菌性。使用防腐劑時，必須按照《食品添加劑使用衛生標準》規定的種類和劑量添加。我國標準規定，豆製品使用的防腐劑有苯甲酸、苯甲酸鈉、山梨酸、山梨酸鉀、丙酸鈣等。

4. 香料

香料主要指如胡椒、丁香、肉豆蔻、肉桂等有芳香氣味或防腐功能的物質，是用於調配香精的原料。按其來源可分為天然香料、合成香料和單離香料；按其用途可分為日用化學品香料、食用香料和煙草香料。

豆製品中使用香料是為了增加產品的香味，提高豆製品的品質，增進人們的食慾，還可以讓豆製品的營養成分被更好地吸收。在豆製品胚料中增加香料，可使原本單一的品種得以增加，更能滿足現代人們日益多樣化、強烈化的飲食需要。

香料

我國豆製品生產有悠久的歷史，經過幾千年的不斷研究和發展，在品種和花色上都有了巨大的進步，在豆製品中添加香料就是一種難得的嘗試，而成績也一再證明這種嘗試是正確的、進步的。

我國豆製品中，使用香料最多的是鹵製豆腐乾和腐乳。人們在日常生產中不斷研究，把各種香料的特性和用途都很好地總結出來，然後進行熬製，製成高級鹵汁。特別需要說明的是，這些香料大部分都是中草藥，而用這些香料熬製的鹵汁不但增加了豆製品的口感和香味，也有一定保健作用，是真正的藥食同源的美食。

不同的豆製品其使用香料的品種和用量是不同的，應視具體情況按具體比例添加，即我們所說的配方。一個品種的配方要經過無數次的實驗才能得到完善，有的配方只需要幾種香料，有的則需要二十多種，特別是一些名優產品的配方屬於高級商業機密，即平常所說的秘方。

我國香料主要有花椒、小茴香、胡椒、肉桂、陳皮、桂皮、甘草、良薑、八角、丁香、白芷等幾十種，這些香料通過不同的原料配比，組成了特別的配料。

5. 酵母和麴黴

酵母

酵母是一些單細胞真菌，是人類文明史上被應用得最早的微生物。在自然界分佈廣泛，主要生長在偏酸性的潮濕的含糖環境中，而在釀酒工藝中，它也十分重要。

酵母分為鮮酵母、乾酵母兩種，是一種可食用的、營養豐富的單細胞微生物，營養學上把它叫作"取之不盡的營養源"。除了蛋白質、碳水化合物、脂類以外，酵母還富含多種維生素、礦物質和酶類，每千克乾酵母所含的蛋白質，相當於 5 千克大米或 2 千克大豆或 2.5 千克豬肉的蛋白質含量。

發酵後的酵母還是一種很強的抗氧化物，可以保護肝臟，有一定的解毒作用。酵母裡的硒、鉻等礦物質能抗衰老、抗腫瘤、預防動脈硬化，並能提高人體的免疫力。

在豆製品製作過程中，使用酵母可以改變產品的風味，同時，因為酵母的主要成分是蛋白質，幾乎佔了酵母乾物質的一半，而人體必需之氨基酸含量充足，尤其是穀物中較缺乏的賴氨酸含量較多，還含有大量的維生素 B_1、B_2 及 B_3，所以，酵母能提高發酵食品的營養價值。

麴黴

為了讓豆製品的風味更加有特色，我國豆製品生產積極合理地應用麴黴，生產出了許多深受廣大消費者喜愛的產品。

麴黴是發酵工業和食品加工業的重要菌種，已被利用的有近 60 種。2000 多年前，我國就利用麴黴制醬。現代工業利用麴黴生產各種酶製劑(澱粉酶、蛋白酶、果膠酶等)、有機酸(檸檬酸、葡萄糖酸、五倍子酸等)，農業上用作糖化飼料菌種，例如黑麴黴、米麴黴等。

米麴黴菌落生長快，10 天直徑可達 5～6cm，質地疏鬆，初為白色、黃色，後變為褐色至淡綠褐色，背面無色。分生孢子頭呈放射狀，直徑 150～300μm，也有少數為疏鬆柱狀。近頂囊處直徑 12～25μm，壁薄、粗糙。頂囊呈近球形或燒瓶形，長度通常為 40～50μm。小梗一般為單層，長為 12～15μm，偶爾有雙層，也有單、雙層小梗同時存在於一個頂囊上的。分生孢子幼時呈洋梨形或卵形，老熟後大多變為球形或近球形，直徑一般為 4.5μm，粗糙或近於光滑。米麴黴是我國食品醬和醬油傳統釀造的重要菌種，也可生產澱粉酶、蛋白酶、果膠酶和曲酸等，亦會引起糧食等工農業產品黴變。

二、豆腐製作工藝流程

1. 現代豆腐生產工藝流程圖

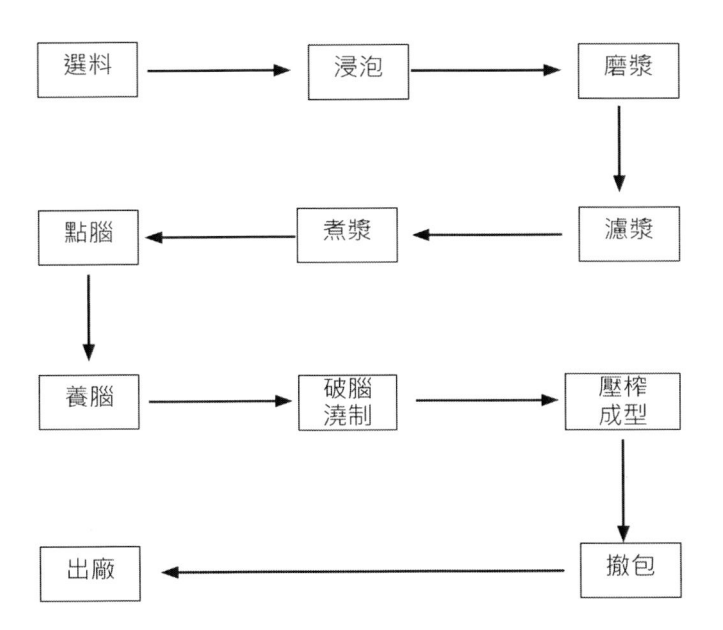

選料 → 浸泡 → 磨漿 → 濾漿 → 煮漿 → 點腦 → 養腦 → 破腦澆制 → 壓榨成型 → 撤包 → 出廠

2. 現代豆腐製作工藝流程

選料

想在市場上買到乾乾淨淨的大豆較為困難，因為在運輸和儲藏的過程中，往往有草籽、樹枝、泥土、沙粒、石子、金屬屑等雜質混入大豆中，影響成品的品質和衛生，較硬的石子、金屬等雜質進入磨漿機還可能損壞機械設備，縮短設備的使用壽命。因此需要通過精心的選料，把混雜在大豆中的各種雜物剔除，從而保證原料的清潔乾淨。條件不

選豆

容許的時候只能通過手工篩選，這是一個比較煩瑣的過程，需要耐心和細心，適合一般的手工作坊，一定要不怕麻煩，稍有疏忽就有可能造成不必要的損失，導致工作停頓，影響生產。

手工篩選分乾選法和濕選法兩種。

乾選法：為了減少工作量，每次稱量好足夠當天使用的大豆進行人工篩選，先用較小的小圓篩子把大豆篩一遍，一些較小的雜物就從篩眼漏下去了，然後用簸箕先上下顛簸，把一些較輕的柴草枝葉顛出去，隨後左右搖擺簸箕，將那些顆粒大的大豆先分離出去，這樣反復幾次，簸箕裡的雜質就所剩不多了。

濕選法：包括浸泡前和浸泡後兩種方法。浸泡前濕選法是根據物質比重不同的原理來漂選。把要浸泡的大豆倒入一個圓形的器皿裡，加入適量的水，手握罩濾在水面攪動大豆，那些癟豆、爛豆、柴草、草籽等由於比重較輕便會漂浮在水面上，那些比重較大的石子、金屬就會沉澱到底部。此時，先把漂浮雜物清除，再將品質好的大豆撈出來，就剩下沙粒、石子和金屬了，經過手工揀選就能把雜質剔除，從而達到清除雜質的目的。此種篩選法也會起到清洗大豆的作用。

浸泡後濕選法是一種比較理想的篩選大豆的方法。大豆浸泡到研磨的時

候，幾乎所有的能漂浮的雜質都漂浮在水面了，用罩濾就可以輕鬆地清除。在研磨之前攪動浸泡好的大豆，品質好的大豆就會隨轉動的水漂浮起來，用罩濾把這些大豆撈到過濾箱裡，撈幾次就攪動幾下大豆。由於石子、沙粒、金屬的比重大，會向下沉澱而不會漂浮，所以直到把所有浸泡好的大豆撈完，剩下的就是比較重的雜質了。

浸泡

大豆浸泡有時間上的限制，大豆浸泡過度或浸泡不足都會影響豆製品的產量。浸泡適度可使蛋白質外膜由硬變脆，在研磨時就能被充分磨碎，使蛋白質最大限度地游離出來。如浸泡過度，蛋白質外膜變軟，不易磨碎，會影響成品出產率；如浸泡不足，蛋白質外膜仍很硬，也會影響產量。

檢驗浸泡是否適度的辦法：把浸泡後的大豆掰成兩半，如果豆瓣內側已基本呈平面，中心部位略呈淺凹面，說明大豆浸泡恰到好處；如果豆瓣內側完全呈平面，說明浸泡過度；如果豆瓣內側還有深的凹陷或有黃心，說明大豆浸泡不到位。

影響大豆浸泡的最主要的因素是氣溫，浸泡時間的長短，應根據豆種、水質、水溫等因素而定，南方和北方也有較大的區別，要因地制宜。不同的季節，大豆浸泡程度也不同。冬春兩季氣溫較低，可適當地延長浸泡時間，即使浸泡得有些過度也不會影響產量和品質；夏秋兩季，氣溫偏高，容易發生酸腐現象，應防止壞漿的發生，因此，大豆浸泡的時間相對要縮短，即使沒有完全泡到位，也不會影響品質和產量。環境密閉、通風不暢，氣溫就高，要適當縮短浸泡時間，同時要開窗通風，減慢水溫升高的速度，通風後要適當關閉門窗，降低室溫，減緩浸泡的速度。

氣溫與浸泡時間的關係

氣溫（℃）	0	10	15	20	25	30	35
浸泡時間（小時）	24	18	14	10	7.5	6	5

為了讓大豆吸水均勻，在浸泡期間，應每隔一段時間攪動一次大豆，攪

動的幅度要大，因為一般情況下上部的水與空氣接觸，水溫高，大豆容易吸收水分，底部水溫低，大豆吸水速度就慢一些。最好是分批次，分器皿浸泡，如果一次浸泡的大豆量比較大，多次攪動後所有的大豆同時浸泡到位，而生產能力又沒有跟上，就有可能使大豆浸泡過度，從而影響品質和產量。

大豆浸泡到一定時間，泡豆的水就會發酸，因此產生大量的微生物，尤其是高溫的夏季，這些微生物的繁殖更為迅猛。在酸性的條件下，大豆蛋白質容易變性敗壞，從而影響產量和品質，嚴重時還會導致壞漿現象，不能製成豆制品。所以，大豆浸泡好後，應先撈到一個專門的瀝水盒子裡瀝盡水分，然後用乾淨的水沖洗，直到把大豆洗乾淨為止。但是在研磨之前，最好把大豆放在簸箕裡搓去豆皮，因為豆皮裡往往包含有已經發酸的水分和微生物，此法不僅可以把大豆清洗乾淨，而且能減少酸性物質和微生物對蛋白質的破壞。

大豆浸泡的順序要領：浸泡大豆要按研磨的時間、數量有序地進行。先浸泡，先成熟，先研磨；後浸泡，後成熟，後研磨。不能一次性浸泡，這樣同時成熟，就來不及生產；有可能浸泡過度，使得大豆蛋白質流失到廢水裡，造成減產或是影響成品品質。因此最好是分批浸泡，分批成熟，分次研磨。

大豆的品質也同樣影響浸泡的順序。新豆剛剛成熟，含水量大，吸水的速度相對就會慢一些，浸泡的時間反而要短，成熟的速度卻快。需要說明的是，新豆收穫以後，蛋白質還處於游離狀態，沒有達到飽和狀態，這就影響了成品的品質和產量。因此，在條件允許的情況，最好不要使用新豆，而應選用陳豆，因為陳豆的水分基本上已經蒸發殆盡，蛋白質處於相對穩定的狀態，通過浸泡能快速啟動內部因數，最大限度地釋放蛋白質，進而提高成品的品質和產量。

事物都存在個體差異，大豆也不例外，要想把大批量的大豆同時浸泡到位是不現實的，一般情況下只能滿足 70% 的要求，20% 不能泡到位，10% 可能泡過度了。這都會影響大豆蛋白質的析出，造成損失。這也是加工豆制品最難掌握的技術，即使是一個有多年豆製品加工經驗的技師，也很難做出兩鍋品質和產量一樣的成品。在北方，由於天氣較涼爽，在條件不具備的情況下，可以省去搓豆皮的工序，只要掌握好浸泡的時間，也可以生產出品質上乘的豆製品。這些都不足為奇，只是一個經驗問題，只有掌握了大豆的習性和規律，才能加工出上佳的豆製品。

磨漿

磨漿是從經過浸泡的大豆中析出蛋白質的必需步驟。雖然經過浸泡，大豆蛋白質組織已相對鬆軟，但仍較堅實，因此還需磨碎。研磨的過程就是破壞蛋白質組織的過程，原本結構緊密的蛋白質分子在研磨過程中變得細小游離，在水的稀釋下很容易被析出來，這就是豆漿，剩餘的就是纖維組織——豆渣了。

經過研磨的大豆，磨得越細膩，蛋白質外膜粉碎得越充分，但也要有一定的限度，因為磨得過細，大豆的纖維素會隨著蛋白質一起被濾到豆漿裡，影響成品的品質。適當的細度應以即使豆漿裡盡可能少含豆渣，又使蛋白質能最大限度地被析出和利用為佳。

目前，大豆研磨基本已經拋棄了牲畜石磨研磨和手工石磨研磨的工藝，採用機械化設備研磨大豆。但是石磨研磨是較為理想的工藝，研磨的效果較好。

石磨磨漿

現在大部分豆腐加工作坊使用的是豆製品加工專用的砂輪機器磨。砂輪機器磨由上下兩個磨片組成，上磨為定磨片，下磨片為活動磨片，上磨片為溝狀磨齒，與邊緣呈垂直角度，下磨片有四個柳葉形的溝槽，磨大豆時，可以通過扭動機蓋上面的旋鈕調節上下磨片距離，從而控制研磨粗細程度。大豆進入磨片之後先到達粗碎區，被粗碎之後才在水流的作用下流到細磨區，然後磨細並自然流出。

普通臥式自分離磨漿機

這種砂輪機器磨磨出來的豆漿

固形物呈片狀，較為細膩均勻。磨片表面砂輪的粗糙程度，可以根據需要配制。這種砂輪機器磨的特點是體積小、耗電少、工效高，因此，採用砂輪機器磨是今後行業發展的最理想的選擇。

研磨工藝步驟和操作要領：在磨豆漿之前，首先要瞭解磨漿機的結構和性能，熟悉掌握操作技術，按照磨漿機說明書一步一步操作，直到熟練為止。

磨漿機要放在適合豆漿流入鐵鍋的位置，同時要把水管通到料斗口，出渣口放置一個大小適合裝豆渣的桶，這樣就具備了磨漿的設備條件。

研磨是先加水，後開機器，然後再上料。上料時，必須控制好上料速度。磨豆時，流水在磨內可起潤滑作用。磨盤運轉時會發熱，加水起冷卻作用，防止大豆蛋白質發熱變性，也可使磨碎物更細膩，同時，在磨的作用下，水和大豆蛋白質可混合成均勻的膠體溶液。加水時的水壓要平衡，加水量要穩定，以使磨出來的豆漿細膩而均勻。如果水量太大，就會縮短大豆在磨片之間的停留時間，這樣料就會極快地流出，達不到想要的細度要求。相反，如果加水量太少，會延長大豆在磨盤之間的滯留時間，導致出料速度緩慢，由於出料速度慢，磨片更易摩擦發熱，導致豆漿中的蛋白質受熱改變性能，影響出品率。一般研磨時的加水量為上料大豆的5～6倍較為合適。

磨漿機清潔衛生是保證豆漿品質的一個關鍵環節，每次用完機器都要認真仔細地清洗，特別是主機殼內壁和轉子四周要一次性清理乾淨，有些豆製品製作人員為圖省事，往往幾天才清洗一次機器，這樣既不衛生，又會影響成品的品質，得不償失，更嚴重的是會造成壞漿事故發生，帶來不必要的損失。

清洗機器是因為豆製品富含蛋白質，會給細菌提供良好的繁殖環境，細菌過度繁殖就會產生酸性物質。通常豆製品的凝固劑是酸性物質，這些細菌繁殖產生的酸性物質就成為一種內在的凝固劑，導致在燒漿的過程中產生凝固作用，還沒有添加凝固劑，豆漿就變成豆腐腦了。

特別是夏季，氣溫高，細菌繁殖速度會更快，前一次清洗以後，下次使用前要打開電源讓機器轉動起來，然後加入自來水，在機器空轉時再清洗一次機器，讓那些殘留的酸腐物質和細菌隨自來水離開，以減少壞漿現象的發生幾率。

煮漿

要使溶膠狀的豆漿變成凝膠狀的豆腐腦，除添加凝固劑外，首先要使豆漿中的蛋白質發生變性。煮漿就是通過加熱，使豆漿中的蛋白質發生較好的熱變性，然後通過點漿變成潔白、有光澤、柔軟有勁、持水性好並富有彈性的豆腐腦。豆漿加熱燒煮後，可以除去大豆蛋白質的異味(豆腥味)，並消滅豆漿中的有害細菌。燒煮加熱的溫度以 98℃～100℃為宜。

煮漿的目的是為了讓豆漿溶液發生熱變性。煮漿的速度要快，加熱時間太長則不利於豆漿的熱變性。

手工作坊式小型生產中，投料量不多，採用的是土灶鐵鍋煮漿。採用這種方法燒煮的豆漿往往有一種焦糊味，而且帶有微微的苦澀味。為了減輕焦糊味和苦澀味，在磨漿之前，可在鍋裡添加 1 千克左右的水，同時要按乾大豆 1%的比例加食用油，比如菜籽油、大豆油、花生油，也可以加 0.5%的食用鹽，這樣就可以減輕焦糊味和苦澀味，而食用油和鹽也可以起到消除泡沫的作用。

土灶煮漿使用的燃料主要有柴草、煤炭、牲畜糞便等，條件允許可以使用天然氣和液化石油氣作為燃料，這類燃料即乾淨又環保，更為理想。

煮漿的快慢取決於土灶打制的技術，要想打好一台效率高的土灶，需要把握好以下幾個步驟：

要把土灶打成自吸式，能讓火自然燃燒。要做到即使不借助外力，也可以把一鍋豆漿燒沸，灶的四周與鐵鍋要留有 3～5 釐米的空隙，鍋底距離爐箅子的距離在15釐米以內，煙道與灶要對直，煙道的直徑不能小於 10 釐米，高度在 4 米以上，煙道越高則吸力越大，也越節省燃料。這樣打制的土灶，火苗可以在灶裡自然燃燒，火力均勻，鐵鍋受熱也相對均勻，不至於糊鍋。

為了提高燃燒效率，目前大多採用機械鼓風機鼓風，鼓風機應選擇功率在 100 瓦特以內的機器，功率太大則火力太強，容易糊鍋，功率小則風力弱，煮漿速度慢，鍋底沉澱的豆渣和濃豆漿就相對增多，也容易造成糊鍋現象的發生。

由於直接用鐵鍋煮豆漿，豆漿中的蛋白質和殘留的一些豆渣會沉澱在鍋底形成鍋巴，產生焦糊味，因此，每次把豆漿舀出以後都要用鐵鏟把粘在鍋底的鍋巴鏟掉，用竹刷或者清潔球清洗乾淨，以免影響豆製品的品質和衛生。

濾漿

濾漿分為濾生漿和濾熟漿兩種。

濾生漿：過濾生漿就是把剛剛磨制好的豆漿進行過濾，然後再燒煮。過濾豆漿一般選用濾孔密度適中的細布或濾孔密度緊密的紗布做濾網，方法是把濾網用乾淨的布條或細繩固定在瓦缸邊緣，讓濾網自然形成一個鍋底形，然後倒入豆漿過濾。在過濾的過程中，要用一個木板或者銅板刮濾網，讓豆漿順利流下，也可以兩個人提著濾網的四個角上下左右晃動，讓豆漿流入缸內。最後把粘在濾網上的豆渣和雜質清理乾淨。

濾漿

由於過濾生漿會產生大量的泡沫，一般都不採用這種方法。

濾熟漿：過濾熟漿就是在豆漿煮沸之後再過濾，方法同濾生漿，由於已經將泡沫消除，過濾就顯得輕鬆自然。濾熟漿也可以避免偶然從鍋底浮起鍋巴混入豆漿中，影響成品的品質。

濾網使用完，網眼幾乎都已經堵塞，所以每次用完濾網以後都要清洗，並且要一次性清洗乾淨，晾乾備用。

要想製作出品質特別好的豆腐，也可以濾生漿和濾熟漿同時並用，因為製作豆腐時，豆渣分離得越乾淨，製作的豆腐光澤度越好，口味越細膩，品質越好。生豆漿過濾後經過燒煮，使殘留的豆渣體積有所膨脹，進行第二次濾漿時，可以把豆漿內的豆渣再次分離出去，從而提高產品的品質。

點腦（或點漿）

在豆製品製作過程中，把豆漿變成豆腐腦，也就是使大豆蛋白質從溶膠狀轉變為凝膠狀，這個轉變過程就叫作凝固，俗稱點腦或點漿。

大豆蛋白質的凝固可分為兩個階段：先是加熱煮漿，使蛋白質發生熱變性，這時蛋白質由原來的顆粒狀鬆開並連接成鏈狀結構。然後再通過凝固劑的作用，使蛋白質的鏈相互交織，形成網狀結構。所以要使豆漿中的蛋白質凝固，必須加熱和加凝固劑。這種凝固現象，在生物化學上叫作鹽析作用，而添加的鹽鹵稱為鹽析劑。

　　經過凝固的環節後，豆漿轉變為豆腐腦，大豆蛋白質的膠體結構也就完全變為固體包住液體的結構，這種包住水的性質稱為大豆蛋白質的持水性或保水性。豆腐腦就是水被包在大豆蛋白質的網狀結構和網眼中，不能自由流動，所以，豆腐腦具有柔軟性和一定的彈性。

　　點漿時的凝固條件，關係著豆腐腦中大豆蛋白質網狀結構的形成情況，因而也影響豆腐腦持水性的好壞等。如果網狀結構中的網眼較大，交織得又比較牢固，那麼大豆蛋白質的持水性就好，做成的豆腐柔軟細嫩，出品率亦高。如果網狀結構形成時，網眼較小，交織得又不牢固，這樣大豆蛋白質的持水性差，做成的豆腐就會僵硬無韌性，出品率亦低。所以，凝固在整個豆製品製作中是一個重要的環節，是決定出品率和品質的關鍵。

　　不同產品的要求、點漿溫度、大豆品質、水質、豆漿的 pH 等均會影響凝固的結果。

　　不同產品對凝固劑的要求：不同的豆製品要求選用不同的凝固劑。制豆腐的豆腐腦，要求成品含水量高，持水性好，以使制得的產品柔軟有勁，富有彈性。制厚、薄豆腐皮的豆腐腦要求含水量大，以利於澆制。其他如豆腐乾、香豆腐乾及油豆腐等產品，要求含水量低。

　　點漿溫度：豆漿加熱的溫度為 98℃～100℃。加凝固劑時的豆漿溫度宜控制在 75℃～85℃。加凝固劑時，豆漿溫度愈高，則凝固速度愈快，豆腐腦組織收縮多、持水性差，產品粗糙板結；加凝固劑時，豆漿溫度太低，則凝固速度緩慢，豆腐腦雖結構細膩，但軟而無勁，產品形狀不易保持。故要求持水性高的產品如豆腐等，加凝固劑時的豆漿溫度宜控制在 70℃左右，持水性低的產品如豆腐乾等，加凝固劑時的豆漿溫度宜控制在 80℃～85℃。此外，加凝固劑時的豆漿溫度高，凝固劑用量較少，加凝固劑時的豆漿溫度低，凝固劑用量多。

　　大豆的品質：大豆的品質不同，凝固劑的用量亦不同。新豆蛋白質的含量高，豆漿凝固劑的用量就多，所得的產品持水性好，豆腐柔軟有勁，有光澤，出品率高，品質好，口味亦佳。陳豆由於存放時間長，內在的蛋白質已有一部分變性，因此製成的豆漿蛋白質含量低，凝固劑的用量就少，所得的產品持水性差，質地粗糙，沒有彈性，出品率低，口味較差。

豆漿的 pH：豆漿的 pH 應該包括點漿前和點漿後兩個方面，豆漿的 pH 大小與蛋白質的凝固有直接關係。豆漿的 pH 越小，即偏於酸性，加凝固劑後蛋白質凝固快，豆腐腦組織收縮多，質地粗糙；豆漿的 pH 越大，偏於堿性，蛋白質凝固緩慢，形成的豆腐腦就會過於柔軟，包不住水，不易成型，有時沒有完全凝固，還會出白漿。所以，點漿時，豆漿的 pH 宜保持在 7 左右，即中性狀態較為適宜。

水質：制豆腐時，洗豆、浸泡、磨碎、過濾等均需大量用水，這些生產用水的質地對凝固也有影響。一般來說，用軟水做豆腐時，凝固劑的用量少，大豆蛋白質持水性好，產品柔軟有勁，品質好。使用溪水、井水等硬水，凝固劑的用量要增加 50％以上，蛋白質的凝固速度比較緩慢，產品疲軟，成品容易變形。

攪拌的速度對凝固的影響：豆漿的攪拌速度與凝固有直接關係。攪拌速度越快，凝固劑的用量越少，凝固速度也越快；攪拌速度越慢，凝固劑的用量越多，凝固速度亦緩慢。攪拌的速度可根據品種要求而定。攪拌時間的長短要根據豆腐腦凝固的情況而定。豆腐腦已經達到凝固要求，就應立即停止攪拌，這樣，豆腐腦的組織狀況就好，產品也細膩有勁，出品率也比較高。如果攪拌時間超過凝固要求，豆腐腦的組織被破壞，蛋白質的持水性差，產品粗糙，出品率低，口味也不好。如果攪拌時間沒有達到凝固的要求，豆腐腦的組織結構不好，柔而無勁，成品不易成型，有時還會出白漿，也影響出品率。另外，在攪拌的方法上，一定要使缸面的豆漿和缸底的豆漿迴圈翻轉，以便凝固劑能充分起到凝固作用。如果攪拌不當，凝固劑在豆漿中就會分佈不均勻，從而影響產品的出品率和品質。

有人在長期的實踐中總結出這樣的經驗：漿稠點不老，漿稀點不嫩。這就說明點漿的濃度與豆腐的品質有密切的關係。點漿濃度太低，加入鹵水以後形成的腦塊小，塊小自然就包不住水分，成品看起來死板，出品率就低。豆漿濃度太高，加入鹵水以後，豆漿上下不能充分翻滾，底部一部分豆漿沒有參與凝固，就會出現包漿的現象，造成這部分沒有參與凝固的蛋白質白白流失。因此，磨漿的時候做到定量，適量加水、加料是控制豆漿濃度的關鍵，豆漿的濃度不合理，就不可能生產出高品質、高產量的豆腐。

使用鹽鹵點漿有兩種方法，一種叫沖漿法。在鹵水盆裡放入 40℃~50C°的溫水，倒入鹵片並順著一個方向攪動，直到鹵片完全溶化在水裡，待缸裡的豆漿溫度降到 75℃~80℃，左手提起點漿桶，右手端起鹵水盆，兩隻手同時將豆漿和鹵水交織快速倒入缸內，隨後提起另一隻點漿桶沿缸壁快速倒入，第二次把已經混合了鹵水的豆漿沖起來，形成翻滾的波浪，待豆漿穩當之後，就完成了點腦的初步工作。然後蓋上濕布或者蓋之類的東西進行養護，這個過程在夏季和冬季有所不同，夏季約 15 分鐘，冬季 18~20 分鐘。在養護的過程中，不能動點好的豆腐腦，以免破壞豆腐腦的組織結構。另一種是攪拌法，攪拌的工具可以是長把的銅勺、木勺，也可以是不銹鋼勺。把勺子放入點漿缸裡，勺子距離缸邊約 10 釐米，向一個方向翻動豆漿，讓豆漿在缸裡上下滾動，然後逐漸加入鹵水，讓豆漿和鹵水充分混合並逐漸凝固，待豆漿基本上凝固成豆腐腦，鹵水也加完了，這時就要放慢攪動的速度，當看到有米粒大小的豆花出現或者有豆花黏附在勺子上，便將豆腐腦平穩地停住。

　　一般情況下鹽鹵和水的比例是 1：4，融化之後要過濾掉鹵水裡的雜質和殘留的鹵片，鹵水一般佔原料大豆的 3%~4%，而在實際操作過程中，要根據漿的溫度、原料品質、水質等來增減。添加過量，就會使得豆腐苦澀味很重，過濾不乾淨會硌牙；量不足，豆腐軟綿無筋力，成型效果差。只有通過不斷的摸索和體驗才能掌握此中竅門。

　　點漿的步驟決定豆腐的老嫩程度，也決定了豆腐品質和產量的高低。這個過程主要應掌握攪動豆漿的速度和加入鹵水的速度，如果攪動豆漿的速度快，加入鹵水的速度也要相對加快，反之就要慢，如果沒有看見豆漿上下翻滾，則不能加鹵水，若豆腐腦已經基本成型，也不能再加鹵水。

　　只要豆漿的濃度合適，點漿以後就可以看出豆腐腦點得是否成功。如果表面有大量的泡沫說明豆腐腦點老了，保水性就差，豆腐的品質就不好，成品失去彈性。如果表面沒有泡沫，說明豆腐腦點得嫩，保水性就好，出品率就高，豆腐彈性好，細膩光潔，有韌性。如果有少量的泡沫，說明品質介於以上兩種情況之間，豆腐的品質、保水性、彈性、韌性、出品率都一般。

養腦

　　點漿完成並不意味著就完成了大豆蛋白質的最終凝固，從表面上看，豆腐腦似已成型，蛋白質已經凝固，但豆腐腦其實並沒有完全凝固好，蛋白質的網狀結構尚不牢固，也就是說豆腐腦尚沒有韌性。所以，一定要養腦，也就是讓豆腐腦靜置一段時間。養腦時用濕布把缸口密封，防止散熱過快降低凝固的效果。養腦一般以 15～20 分鐘比較適合，養腦後的豆腐腦網狀結構牢固，韌而有勁，利於制豆腐，出品率也高。但也不能養太長時間，時間過長，豆腐腦漸趨冷卻，這時，再澆製成各種豆製品，會出現成品軟而無勁的狀況。

　　一般情況下，上層的豆腐腦凝固的效果比較差，原因是將鹽鹵倒入的時候，鹽鹵自然下沉到缸的底部，造成上層鹽鹵濃度低，導致凝固效果差，有時會出現不凝固的現象，我們把這一層叫嫩漿。如果有這樣的現象出現，在澆制豆製品以前要把這一層沒有凝固的嫩漿先舀出來，在澆制當中倒入上層或者中間層。若不舀出而直接倒入豆腐模框裡就會粘包布，造成成品表面破爛和裂口，影響產品的美觀度，給銷售造成困難。但出現此種情況時也可採取補救措施，就是再加適量的鹽鹵攪拌，直到表面的黃漿水變成淡黃色。

破腦澆制

　　養腦完成以後需進行豆腐澆制，這時不能急著往外舀腦，而是先打破豆腐腦嚴密的組織結構，讓包裹在蛋白質周圍的黃漿水流出來。方法是用刮板把表層 2 釐米以內的豆腐腦刮到一邊，然後用勺深挖到 10 釐米以下的位置，連續挖 3～4 勺，也可以用木質的長劍在表面劃出邊長為 6 釐米左右的方形，讓黃漿水自然流出來，過 2～3 分鐘就可以澆制了。

　　澆制的過程就是把養好的豆腐腦用盆舀到豆腐模框裡塑型。做鹵水豆腐，在選擇包布時一定要使用純棉、密度大，也就是空隙大的布料，這樣瀝水比較快，豆腐成型快，成品品質好。

　　新的布料在使用前要先浸泡一段時間，然後搓洗，把布料上的漿水洗乾淨，使布料變得柔軟透氣，也達到了布料縮水的目的，然後放進加了食用城的水裡煮 10～15 分鐘，這樣可以起到消毒殺菌的效果，也使豆腐腦不易粘包布。以後每週都要煮一次，把粘在包布上的蛋白質除去，恢復包布的疏密性。煮過的包布要用清水淘洗1～2遍，把鹼性成分洗乾淨，在製作豆腐的時候瀝水就更容易了。

由於蛋白質容易滋生細菌，造成包布酸性過量，引發豆腐酸變，所以消毒清洗是每天必做的工作，不可大意。

壓榨成型階段，首先把瀝水板平穩地放在支架上，豆腐模框放在瀝水板上，兩隻手分別提起包布的兩個角，垂直對準豆腐模框的中間位置放下，包布的四個角在豆腐模框四邊中間位置自然下垂，然後伸開雙手放在左右兩個角的位置向下壓，包布就順利地鋪在豆腐模框裡了。鋪包布時，四個角的下垂高度應一致，這樣在包豆腐腦的時候才

豆腐壓榨成型模框

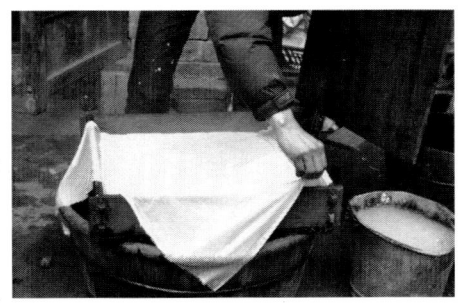

破腦澆製

不至於漏腦或者一頭過短，出現包不住的情況。

鋪好包布以後，把破腦後的豆腐腦舀到包布內，第一盆舀的豆腐腦要盡量澆得碎小，這樣出水就快，不會粘包布，成品也光潔美觀。澆腦分兩次進行，第一次舀滿豆腐模框，收起包布的四個角用力提起幾下，這樣做一來是撐展包布，二來是看包布是否在豆腐模框的中心。然後把四個角拽緊放在豆腐腦上，以防豆腐腦從包布的接縫處溢出。再取一個壓板放在包布上，放上石頭等重物進行壓榨。

壓榨

壓榨的目的是加速蛋白質網狀結構之間多餘的水分排出，讓蛋白質網狀結構更加緊實。

加壓也有許多竅門可借鑒，正確控制豆腐腦的溫度高低和壓力大小，是壓榨成型的關鍵要素。一般舀腦加壓的溫度都以 80℃左右為宜，這個溫度下蛋白質結構黏合力最強，在這個溫度加壓制成的豆腐韌性強，有彈性。

壓力的大小取決於豆腐的含水量及豆腐腦的厚度。要求豆腐含水量小，就適當加大壓力；豆腐腦的厚度小，排水快，就適當地減小壓力。

壓榨的時間一般以 25～30 分鐘為一個時間段，第一次壓榨，重量在 25 千克左右。

第一輪壓榨結束後，應進行第一次整包，分別抓住包布的四個角輕輕向上提幾下，讓停留在包布上面的水分流出，把已經隨豆腐腦下沉的包布重新提起來，然後按上壓以前的方法把包布撐好，放上壓板接著壓榨。

20 分鐘以後，進行第二次整包。這次整包的力度要輕，以免提散了已經基本成型的成品。整理好以後，將壓榨重量減到 10 千克左右，等成品被壓榨到和豆腐模框平齊時卸下，這時豆腐已經完全成型，壓榨工作告一段落。

撤包

撤包時豆腐的溫度還較高，特別是內部溫度基本在 40℃～45℃，蛋白質之間的連接還處於不穩定狀態，網狀結構還比較鬆軟，容易變形碎裂，故在撤包的時候，翻板動作要快，放板要輕，以免損壞成品的完整性。撤包以後，用涼水清洗豆腐表面，沖掉雜物和酸漿水，保持豆腐表面的乾淨，亦可降低豆腐的溫度，然後互相疊放在通風的地方自然晾涼，保持豆腐的純正口味。

三、其他豆製品製作工藝

　　所謂豆製品，就是我們通常所說的豆類製品，是以大豆、小豆、綠豆、豌豆、蠶豆等豆類為主要原料，經加工製成的食品。本書所講豆製品均從"大豆"這一狹義出發，特指由大豆的豆漿凝固而製成的食品。而人們根據生產工藝的不同，又往往把豆製品分為非發酵類和發酵類。

　　(1) 非發酵類豆製品是以大豆為主要原料，不經發酵過程製成的食品，包括：豆漿、豆腐、豆腐腦、豆腐乾、豆腐皮、腐竹、素雞、凍豆腐等。

　　非發酵類豆製品的生產基本上都經過選料、浸泡、磨漿、濾漿、煮漿、壓榨工序，產品呈蛋白質凝膠狀。

　　(2) 發酵類豆製品是以大豆為主要原料，經發酵過程製成的食品，包括：腐乳等。

　　發酵類豆製品的生產要經過特殊的生物發酵過程，生產的產品具有特殊的形態和風味。

　　現將主要非發酵類與發酵類豆製品的製作工藝進行簡單介紹。

1. 豆漿加工技藝

　　豆漿是將原料大豆經選料去雜、浸泡、磨糊、過濾除渣而製成的漿狀液體。經高溫滅菌的豆漿稱為熟豆漿，不經加熱的豆漿稱為生豆漿。豆漿的制作加工是豆製品加工中最簡單的技術，也是所有豆製品製作都要經過的一個程式，工藝雖然簡單，但要想生產出口感和品質上乘的豆漿產品，仍必須進行精心的操作。

豆漿加工工藝流程：選料→浸泡→磨漿→過濾→燒漿→包裝→銷售。

原輔料配比：大豆 100 千克，飲用水 1000～1200 千克。

出品率：100 千克大豆可以制得 1000～1200 千克鮮豆漿。

加工技術要領：

（1）選料。豆漿品質的好壞很大程度上取決於大豆原料的質量，正常情況下沒有發生黴變，或者沒有經過變性處理的大豆原料都可以用來做豆漿。

豆漿

首先要正確選用做豆漿的大豆，最好選擇顆粒飽滿光亮、無蟲蛀、無爛瓣、無黴變、無瘴豆、無鼠咬的大豆。原則上最好選擇新豆作為豆漿原料，當然，這裡所說的新豆並不是剛剛收穫的大豆，而是經過 2～5 個月儲存的大豆，剛剛收穫的大豆還沒有完全成熟，蛋白質還處於游離狀態，穩定性差，豆漿的出產率就會降低。而經過一段時間儲存的新豆，蛋白質更加穩固，豆漿的出產率自然就高了。

選好大豆後，還須把混雜在大豆中的各種雜物剔除，從而保證原料的清潔乾淨。條件不容許的時候只能通過手工篩選，這是一個比較煩瑣的過程，需要耐心和細心，適合一般的手工作坊。此項工作要萬分仔細，稍有疏忽就有可能造成不必要的損失。

（2）浸泡。浸泡的目的是為了提高蛋白質的利用率，也可以起到軟化原料、保護磨漿機磨盤的作用。大豆經過浸泡，質地變軟，蛋白質的溶出性也會更好，為生產過程創造了有利條件。

按 1 千克大豆加 2.5 千克冷水的比例浸泡。一般情況下，20 千克大豆春秋季浸泡 6～7 個小時，夏季浸泡 4～5 個小時，冬季浸泡 12～15 個小時。大豆浸泡到表面光亮、無皺皮、捏著有勁力、有彈性、無硬感、不脫皮，搓開豆瓣、中間稍凹、沒有黃心、皮瓣發脆不發軟為合適。浸泡時間過長，大豆蛋白質隨廢水流失嚴重，大豆易發酸，磨漿時產沫多，豆漿濃度降低；浸泡時間過短，大豆不能充分吸收水分，蛋白質不易溶出，豆漿出產率就低。在浸泡過程中，可按大豆重量的 0.2%～0.38％的比例加入適量純鹼，以提高蛋白質的溶出性，提高產量。

20 千克的大豆經過浸泡，重量可以增加到 42～44 千克。大豆的浸泡程度會直接影響豆漿的出產率，科學合理的浸泡方法是保證優質生產的重要因素，要時時根據氣溫的變化來調整大豆浸泡的時間，不能墨守成規。

（3）磨漿。磨漿就是加水並研磨大豆，最終破壞大豆的顆粒結構，獲得更多的大豆蛋白質等物質。如果不對大豆進行研磨，大豆裡的物質就溶解不出來。同時，研磨的粗細程度與產品的品質有直接的關係，磨得較粗，大豆的蛋白質溶出率就低，磨得較細，蛋白質溶出率就增高。

在研磨豆漿的時候，要適時地調整磨盤的間距，一般情況下，磨盤間的距離控制以在機器運轉的時候聽到輕微的摩擦聲為宜，這樣磨出來的豆渣是細小的片狀，而不是顆粒。

通過長期的實踐證明，大豆經過兩次研磨可以最大限度地溶出大豆蛋白質和其他物質，一般情況下第一次研磨時可以粗磨，只要起到破碎的作用就可以了。第二次為細磨，研磨時將磨盤間距調整到上述最宜標準。值得注意的是，第一次磨漿時的用水量不能太大，要求添豆、添水要勻。在此過程中，按 1 千克大豆加水 2 千克左右的比例來控制，不然經過兩次研磨之後，豆漿的水分含量就會過量，豆漿就會太稀，影響產品的品質。

磨漿前要先在鍋裡加入 1 千克的水，由於第一次研磨的豆漿濃度比較高，此時大鍋已經在加熱，加入 1 千克的水起到了稀釋的作用，否則就會糊鍋。

（4）燒漿。燒漿是促使大豆蛋白質、脂肪和其他有機物加速溶解的過程，加速蛋白質變性，提高蛋白質的凝固性和彈性，讓蛋白質具有喜水性，改變蛋白質分子的結構，滿足人們消化系統的需要。同時，加熱使酶失去活性，殺死對人體有害的細菌，消除大豆的腥味。

鍋燒豆漿的關鍵是掌握火候，火太猛會造成豆漿焦糊，影響口感和品質，太小則達不到目的。

首先，開火的時間要合適。開始磨漿時不能開火，同時為了不讓豆漿沉澱在鍋底，先要在鍋里加少量水，這樣豆漿的濃度就會變低。當第一遍磨完以後再點火加溫，就不會糊鍋了。第二次磨完以後要充分地攪動豆漿一次，快燒開的時候還要攪動一次，這樣就可以保證在燒漿的過程中不會有糊鍋現象，從而確保豆漿的品質。

豆漿在 60℃的時候開始產生大量的泡沫，泡沫會高出鍋邊許多，這時不要認為豆漿已經達到了沸點，這是豆漿假沸騰的現象。當豆漿的溫度升到 90℃～95℃的時候，適時放入消泡劑進行消泡，不要一次性攪散所有泡沫，應先把大泡沫攪散，因為這個時候的泡沫還沒有完全溢出來，還有細小的泡沫往外溢，如果攪得太乾淨，在繼續加熱的時候會產生油皮，影響豆漿的質量和美觀。

豆漿燒煮時間也不能太長，一般應該控制在 3～5 分鐘，燒煮的時間太長就會使豆漿的營養成分降低，還會發生其他的化學反應，形成難以分解的物質。

（5）包裝。豆漿燒煮到完全沸騰的時候，溫度在 100℃～107℃，就要迅速撤火。如果過濾網的網眼不是足夠小，為了減少豆漿中的雜質，還需進行過濾。可把細紗布擱置在過濾網上。為了不使豆漿表面產生油皮，要迅速地裝袋或者裝瓶，包裝完成的就是豆漿成品了。

2. 豆腐腦加工技藝

豆腐腦是利用大豆為原料製成的高營養食品。豆腐腦除含蛋白質外，還可為人體提供多種維生素和礦物質，尤其是鈣、磷等。特別是用石膏作為凝固劑時，不僅制出的成品量多，而且含鈣量有所增加，可滿足人體對鈣的需要，對防治軟骨病及牙齒發育不良等有一定的功效。同時，豆腐腦中不含膽固醇，有防止動脈硬化等功效，因此，是男女老幼皆宜的佳美食品。但是，用傳統工藝製作豆腐腦，工藝複雜，歷時長，口味欠佳。採用以下介紹的新技術，工藝簡單，時間短，成品質地細膩，口感潤滑。

豆腐腦加工工藝流程：選料→浸泡→磨漿→燒漿→點腦→養腦。

原輔料配比：大豆 100 千克，鹵水 5 千克。

出品率：100 千克大豆可以制得 800～850 千克的優質豆腐腦。

加工技術要領：

（1）選料。大豆在收割、晾曬、脫粒、裝袋、貯藏、運輸等過程中，會混雜進草根、樹皮、泥塊、沙粒、石子及金屬屑等雜物。因此，在使用前，必須先把大豆中的雜質及破口豆、黴爛豆、蟲蛀豆、雜豆等完全選去，留下顆粒大、皮薄飽滿、有光澤的大豆進行浸泡。

（2）浸泡。生產豆腐腦之前需用一定量的水浸泡大豆，水質的好壞，直接關係到豆腐腦的品質。製作豆腐腦一般以軟水為宜，也可以用飲用水，pH 為 5～6 的弱鹼性水適宜生產豆腐腦。

豆腐腦

（3）磨漿。磨漿是析出蛋白質的最佳方式。大豆經過研磨，蛋白質和水相溶就得到了豆漿。在磨漿的時候選用 100 目的濾網分離豆渣，這樣製成的豆漿就會細膩黏稠，提取率也可以達到最高程度。漿要經過兩遍研磨才能被最大限度地提取。在研磨的時候按 1：6 的比例加水研磨，研磨結束以後要充分地攪動豆漿，讓豆漿的濃度保持一致，豆漿可以直接流入鍋裡。

（4）燒漿。在燒漿的過程中至少要攪動 3 次，最大限度地減少或者避免糊鍋現象的發生，豆漿的溫度超過 60℃時會產生大量的泡沫，有時會突然溢出，造成浪費，這時要適時加入消泡劑清除泡沫，豆漿燒開後要繼續煮 3～5 分鐘才能使豆漿裡的蛋白質達到熱變性效果。

燒漿的作用有三個：一是消除豆腥味，二是讓蛋白質變性，三是滅菌。燒漿結束以後，在出鍋時要對豆漿進行過濾，因為豆漿經過燒煮，殘留的豆渣體積有所膨脹，飲用時會覺得不細膩。

（5）點腦。等燒開的豆漿溫度降低到 80℃～85℃的時候開始點腦。豆漿溫度太高，蛋白質的網狀結構就會不牢固，持水性就差；溫度太低，部分蛋白質產生惰性不參與熱變性，蛋白質的網狀結構鬆散，還會出現白漿現象。因此點腦時豆漿溫度是影響出品率的關鍵。

把 5 千克濃度為 25°Bé 的鹽鹵用水稀釋到 8°Bé～9°Bé 做凝固

將稀釋後的鹽鹵裝入鹽鹵壺，開始點鹵。左手持鹽鹵壺緩慢地把鹽鹵倒入缸裡，右手持長把木勺插入豆漿三分之一深度，從左到右攪動，讓豆漿在缸裡翻滾起來，即從缸面向下翻滾到缸底，這樣豆漿和鹽鹵就可以互相融合。這時，可看到蛋白質開始不斷地凝聚，顆粒由小到大，濃度越來越高，直至成粥狀。如果表面有黃漿水析出，再在上面點一些鹽鹵，然後把缸蓋嚴實以保溫。點鹵結束，攪動也應立刻停止。

（6）養腦。養腦是豆腐腦蛋白質繼續凝固的過程，為了讓蛋白質分子之間的聚合力加強，必須經過一段時間的養護才能達到預期的效果。一般養護的時間應該掌握在 20 分鐘左右。這個時候豆腐腦的溫度在 60℃～65℃，通過養腦，豆腐腦充分凝固，有韌性，持水性好。

3. 臭豆腐加工技藝

臭豆腐是以蛋白質含量高的優質大豆為原料，經過泡豆、磨漿、濾漿、點鹵、前期發酵、醃製、灌湯、後期發酵等多道工序製成的。臭豆腐"聞著臭"是因為豆腐在發酵醃製和後期發酵的過程中，其所含蛋白質在蛋白酶的作用下分解，所含的含硫氨基酸也充分水解，產生一種叫硫化氫的化合物，這種化合物具有刺鼻的臭味。此外，在蛋白質分解後，即產生氨基酸，而氨基酸又具有鮮美的滋味，故"吃著香"。

臭豆腐加工工藝流程：選料→浸泡→磨漿→點腦→養腦→澆製→劃坯→浸鹵→成品。

原輔料配比：大豆 100 千克，鹽鹵 4.5 千克，豆豉 25 千克，香菇 5 千克，冬筍 20 千克，生薑 5 千克，甘草 4 千克，花椒 1 千克，冷開水 80 千克，食鹽 1 千克，純鹼 1 千克，青礬 0.5 千克，白酒 1 千克。

臭豆腐

出品率：100 千克大豆可制出 4300～4500 塊臭豆腐坯。

加工技術要領：

之前選料、浸泡、磨漿同豆腐腦加工技術要領，故此處不多描寫。

（1）點腦。製作臭豆腐要求點出的豆腐腦更嫩一些。具體辦法是：將鹽鹵用水沖淡後做凝固劑，點入的鹵條要細，只像綠豆那麼大。點腦時攪動的速度要緩慢，只有這樣，才能使大豆蛋白質網狀結構交織得比較牢固，使豆腐腦柔軟有勁，持水性好，澆製成的臭豆腐坯有肥嫩感。

（2）養腦。開缸面、攤布與普通豆腐相仿。

（3）澆制。臭豆腐坯要求含水量高，但又比普通嫩豆腐牢固，不易破碎。在澆制時要特別注意落水輕快，動作利索。先把豆腐腦舀入鋪著包布、厚度為 20 毫米的套圈裡。當豆腐腦量超過套圈 10 毫米時，用竹片把豆腐腦抹平，再把包布的四角包緊覆蓋在豆腐腦上。按此方法一板接一板地澆制下去。堆到 15 板時，利用豆腐腦自身的重量把水分緩慢地擠壓出來。為保持上下受壓排水均勻，中途應將 15 層豆腐坯按順序顛倒過來，繼續壓制。待壓至泄水呈滴水為止。

（4）臭鹵製作方法。加入冷水，放入豆豉，燒開後再煮半個小時左右，然後將豆豉汁濾出。待豆豉汁冷卻後，加入純鹼、青礬、香菇、冬筍、鹽、白酒以及豆腐腦，浸泡約半個月左右（每天攪動一次），發酵後即成鹵水。鹵水切勿沾油，要注意清潔衛生，防止雜物混入，而且要根據四季不同氣溫靈活調整，使之時刻處於發酵的狀態。連續使用時，隔三個月加入一次主料，做法和分量同上（但不要加青礬和鹼），同時要注意經常留老鹵水（越久越好）。檢驗鹵水的標準是看其是否發酵，如果不發酵、氣味不正常時，就要及時挽救。其辦法是用淨火磚燒紅，放在鹵水內，促使其發酵，同時，還要按上述配方適當加一點調料進去，使其發酵後不致變味。每次使用後，鹵水內應加入適量的鹽，以保持咸淡正常。

（5）制原鹵。按配方將鮮料洗淨、瀝乾、切碎、煮透和冷卻後放入缸中，如有老鹵在缸中更佳。另按比例加入花椒、食鹽和冷水（如有筍汁湯則可以直接代替冷水）。如有雪菜則不必煮熟，直接洗淨、瀝乾，用鹽醃並切碎後加入。

（6）自然發酵。配料放入缸中後，讓其自然發酵。一年後臭鹵產生濃郁的香氣和鮮味後，方可使用。在自然發酵期內，要將鹵料攪拌 2～3 次，使其發酵均勻。使用後，料渣仍可存放於容器中，作為老鹵料，讓其繼續發酵，這對增加鹵水的風味很有好處。如果年時過久，缸中的殘渣過多，可撈出一部分，然後按比例加入部分新料。臭鹵可以長期反復使用，越臭越值錢，味道越濃郁，泡制的臭豆腐味道也越好。

（7）劃坯。把臭豆腐坯的包布揭開後翻在平方板上，然後根據規格要求劃坯。每塊體積為 5.3 釐米×5.3 釐米×（1.8～2.2 釐米）。

（8）浸臭鹵的方法。將臭豆腐坯冷透後再浸入臭鹵中。坯子要全部浸入臭鹵中，達到上下全面吃鹵。浸鹵的時間為 3～4 個小時。50 千克臭鹵可以浸泡臭豆腐坯 300 塊，每浸一次應加一些食鹽，以保證臭鹵的鹹度。連續浸過 2～3 次後，可加臭鹵 2～3 千克。

（9）保存方法。產品由於浸鹵後含有一定的鹽分，因此不易酸敗餿變，在炎熱的夏季，可保存 1～2 天。但由於含水量高，極為肥嫩，容易碎落，因此無論是運輸、銷售還是攜帶，都必須用框格或容器，切忌直接堆放或碰撞，以保持商品外形完整。同時，應注意保存在陰涼通風處。

4. 豆腐皮加工技藝

豆腐皮極富營養價值，不但含有豐富的蛋白質、糖類、脂肪、纖維素，還有鉀、鈣、鐵等人體需要的礦物質。長期食用豆腐皮，能降低人體的血壓和膽固醇，增強人體對肝炎和軟骨病的防治能力。用豆腐皮做的各種冷、熱、葷、素菜，其味道之香，令食者回味無窮。

豆腐皮加工工藝流程：選料→浸泡→磨漿→煮漿→點腦→養腦→澆制→壓榨→脫布→成品。

原輔料配比：大豆 100 千克，鹽鹵 5 千克，水 900～1000 千克。

出品率：100 千克大豆得豆腐皮 1200～1300 張。

加工技術要領：

豆腐皮加工技藝多與豆腐腦加工技藝相同，以下只列出特別之處。

（1）點腦。製作豆腐皮的豆漿濃度不宜太高，應該稀一點，加水量一般按大豆的 10% 來掌握，即 1 千克大豆加 0.1 千克水。溫度宜控制在 60℃～65℃。

將鹽鹵加水 5 千克攪動溶化至沒有固體為止，即得點腦所用鹵水。點腦時要求速度稍快，銅勺翻動速度可以快些，當缸中出現有蠶豆顆粒樣的豆腐腦時，可停止點鹵和翻動。最後在豆腐腦上灑少量鹵水。

（2）澆制。把豆腐皮箱套放置在豆腐皮底板上，把豆腐皮布攤於箱套內。布要攤得四角平整，不折不皺。澆制時用勺舀起缸內豆腐腦，並攪碎豆腐腦，然後均匀地澆在箱套內的布上，要澆得厚薄均匀、四角整齊。隨後把豆腐皮布的四角折起來，蓋在豆腐腦上，第一張豆腐皮就澆制完成。如法炮製直到把豆腐腦都做完為止。

（3）壓榨。把澆制好的豆腐皮移到榨床上，開始的時候要慢慢加壓，10 分鐘以後加快加壓的速度和力度，讓水分快速外泄。一般情況下位於榨床上部的豆腐皮泄水比較快，下部比較慢，所以，要把下部的豆腐皮翻到上部繼續加重壓 30 分鐘。

（4）脫布。先將蓋布四角揭開，再將布的兩對角拉兩下，使豆腐皮與布鬆開，剝起豆腐皮一角，然後把布翻過來，一手扯住豆腐皮一角，另一手將布從豆腐皮上輕輕地剝下。

豆腐皮

5. 腐竹加工技藝

腐竹又叫豆筋、豆腐衣，北方人稱為油皮，華南名為腐竹，蛋白質含量極高，營養豐富，是豆製品中的佼佼者。

腐竹按形狀通常分為三大類：空心圓支腐竹（分細圓支和粗圓支）、片狀腐竹（在安徽和浙江等地叫豆油皮，在粵東叫腐衣；片狀腐竹分方形單邊腐竹、方形三邊腐竹和圓形單邊腐竹）、扁竹（又叫三角形腐竹）。

在四川、重慶和貴州等地，有一種圓筒狀的腐竹，它是將腐竹皮通過一根木棒卷成圓筒狀，然後蒸制而成。雲南有一種產品叫豆腐絲，它是將片狀的腐竹皮卷成圓筒形，然後切成窄窄的、排列整齊的圓圈，圓圈之間沒有完全切斷，猶如藕斷絲連。雖然腐竹的形狀多種多樣，但其生產技藝大體是一樣的，只是從豆漿面上挑起薄膜的手法、所用的小工具不同，以及後續生產工序有些許差別而已。

腐竹加工工藝流程：選料→去皮→浸泡→磨漿→甩漿→煮漿→濾漿→提取腐竹→烘乾→包裝。

原輔料配比：大豆 100 千克，鹽鹵 4.5 千克。出品率：100 千克大豆可以制得腐竹 280 千克。加工技術要領：

（1）選料去皮。選擇顆粒飽滿的大豆為宜，篩去雜質。將選好的大豆用脫皮機粉碎去皮，外皮吹淨。去皮是為了保證色澤黃白，提高蛋白利用率和出品率。經過脫皮，泡豆時間短（減少細菌繁殖機會），豆仁吃水均勻一致，泡豆品質好，從而蛋白質提取率高，腐竹出品率高，食用口感好。同時，去皮亦可消除豆皮中的發泡劑和溶性色素，確保成品的色澤和風味。

（2）浸泡。去皮的大豆用清水浸泡，浸泡時間上春夏秋冬各不相同，浸

腐竹

泡用水上需使用冷水並控制比例。水和豆的比例為 1：2.5，以手捏大豆漲而發硬、不鬆軟為合適。

（3）磨漿和甩漿。磨漿用石磨或鋼磨均可，磨漿和過濾時，要淋水均勻，豆漿濃度適量，否則也會影響腐竹的色澤和品質。從磨漿到過濾，用水為 1：1（1 千克豆子，1 千克水），磨成的漿汁用甩乾機過濾 3 次，以手捏豆渣鬆散、無漿水為標準。

（4）煮漿和濾漿。豆漿加熱到 100℃～110℃即可，然後再進行 1 次熟漿過濾，除去雜質，提高品質。

（5）提取腐竹。熟漿過濾後流入腐竹鍋內，加熱到 60℃～70℃，10～15 分鐘就可起一層油質薄膜（油皮），利用特製小刀將薄膜從中間輕輕劃開，分成兩片，分別提取。提取時用手旋轉成柱形，掛在竹竿上晾乾即成腐竹。

6. 素雞加工技藝

素雞廣泛分佈於中國南部和中部，以素仿葷，口感與味道近似肉食，風味獨特。

素雞加工工藝流程：原料（即豆腐皮）浸泡→制胚→包紮→喂湯→紮布→成品。

原輔料配比：豆腐皮 100 千克，鹼 0.3 千克。

出品率：每 100 千克豆腐皮可制素雞 150 千克。

加工技術要領：

（1）豆腐皮浸鹼。把豆腐皮切成大小一樣的塊待用。在 50℃～55℃的溫水中放入水量 2.5%～3%的食用鹼，攪拌均勻後將豆腐皮放進鹼水中浸泡，水量要能完全浸沒豆腐皮為宜。緊接著上下翻動，促使鹼水能全部均勻地滲入豆腐皮中。浸泡至豆腐皮手感滑軟且有韌性即可。配料中的鹼如果用量大了，成品就會發黑；鹼要充分攪拌融化，否則鹼多的地方就會發黑。

（2）制胚包紮。將浸泡成熟的豆腐皮從鹼水中撈出，再在水裡浸一下，把 4 張豆腐皮壓緊卷起來做心，用一張豆腐皮把心包裹起來，就是素雞的胚子了。用包布把胚子緊緊地包裹起來，兩頭用力直至擰緊為止，然後把包布的兩頭掖進包布裡。再用蠟線把素雞按每 20～30 毫米的間距迴圈圍繞紮緊，要紮結實均勻。

（3）喂湯。將紮好的素雞放進開水裡喂 40 分鐘即可，同時可以在開水裡放入適量的食鹽。

（4）紮布。將喂湯成熟後的素雞從水中撈出，拆開線，剝去包布，即為成品。

素雞

7. 素腸加工技藝

素腸形如豬腸，表面光潔，不糊不散，有韌性。

素腸加工工藝流程：原料（即豆腐皮）選擇→浸城→包紮→蒸煮→成品。

原輔料配比：大豆 100 千克，鹽滷 5 千克。

出品率：100 千克大豆可以制得 260 千克素腸。

加工技術要領：

先將大豆製成豆腐皮，其加工要領此處不再描述。

（1）浸城。將豆腐皮切成長 20 釐米、寬 10 釐米的長方塊，

素腸

1%的堿液裡浸泡，使每張豆腐皮浸泡均勻。

（2）包紮。用豆腐皮兩張，重疊平放在工作臺上，把 50 釐米的鐵絲對折，對折處做一個"C"形彎，其他部分緊貼並行夾住豆腐皮，把豆腐皮用鐵絲卷至圓條狀後，抽出鐵絲，外面用布包緊。

（3）蒸煮。把包好的素腸坯子依次放入籠格裡，蒸 10 分鐘。此時各層豆腐皮已凝結在一起，取出冷卻後，解開包布，即為素腸。

8. 豆腐乳加工技藝

豆腐乳，又因地而異稱為"腐乳""南乳"或"貓乳"。豆腐乳是一種二次加工的豆制食品，是我國著名的發酵豆製品之一，是一種滋味香美、風味獨特、營養豐富的食品，主要以大豆為原料，經過浸泡、磨漿、制坯、培菌、醃坯、裝壇發酵精製而成。中國許多地區及東南亞都有生產，但各不相同，比如蘇州的豆腐乳呈黃白色，口味細膩；北京的豆腐乳呈紅色，偏甜；四川的豆腐乳偏辣。

豆腐乳加工工藝流程：豆腐坯製作→前期發酵→後期發酵→裝壇→成品。

加工技術要領：

（1）制坯。豆腐乳坯的生產流程為選料→浸泡→磨漿→濾漿→燒漿→點腦→養腦→壓榨。

浸泡：浸泡大豆的目的是使大豆能充分吸水膨脹。浸泡時間長短要根據氣溫高低的具體情況決定，一般冬季氣溫低於 15℃時泡 14～24 個小時，春秋季氣溫在 15℃～25℃時泡 7.5～14 個小時，夏季氣溫高於 30℃時僅需 5～6 個小時。泡豆的感官檢查標準是掰開豆粒，兩片子葉內側呈平板狀，但泡豆水表面不出現泡沫。泡豆水用量約為所使用的大豆體積的 4 倍。

磨漿：將浸泡適度的大豆磨成細膩的乳白色的連渣豆漿。在此過程中，大豆的細胞組織被破壞，蛋白質得以充分析出。

濾漿：將磨出的連渣豆漿及時送入濾漿機(或離心機)中，將豆漿與豆渣分離，並反復用溫水套淋三次以上。一般 100 千克大豆約可濾出 5°Bé～6°Bé 的豆漿 1000～1200 千克。測定濃度前要將豆漿靜置 20 分

豆腐乳

鐘以上,使漿中豆渣沉澱。

　　燒漿:濾出的豆漿要迅速升溫至沸點,如在煮沸時有大量泡沫上湧,可使用消泡油或食用消泡劑消泡。生漿煮沸要注意上下均勻,不得有夾心漿。消泡油不宜用量過大,以能消泡為宜。

　　點腦:點腦是關係到豆腐乳出品率高低的關鍵工序之一。點漿時要注意正確控制 4 個環節:第一,點漿溫度為 80℃±2℃;第二,pH 為 5.5～6.5;第三,凝結劑濃度(如用鹽鹵,一般要 12°Bé～15°Bé);第四,點漿不宜太快,凝結劑要緩緩加入,做到細水長流,通常每桶熟漿點漿時間為 3～5 分鐘,黃漿水應澄清不渾濁。

　　養腦:豆漿中蛋白質凝固有一定的時間要求,並需保持一定的反應溫度,因此養腦時最好加蓋保溫,並在點漿後靜置 5～10 分鐘。點漿得的豆腐腦較嫩時,養腦時間相對應延長。

　　壓榨:豆腐腦上箱動作要快,並根據老嫩程度,均勻操作。上完後徐徐加壓，劃塊最好待坯冷後再劃，以免塊形收縮，劃口當緻密細膩，無氣孔。

制坯過程要注意工具清潔，防止積垢產酸，造成"逃漿"。出現"逃漿"現象時，可以低濃度的純鹼溶液調節 pH 為 6 左右。再加熱按要求重新點漿。如發現豆漿 pH 高於 7 時，可以用酸黃漿中和以調節 pH。

（2）培菌。

菌種準備：將已充分生長的毛黴麩曲用已經消毒的刀子切成 2 釐米×2釐米×2 釐米的小塊，低溫乾燥磨細備用。

接種：在腐乳坯移入木框竹底盤的籠格前後，分次均勻加入麩麴菌種，用量約為原料大豆重量的 1%～2%。接種溫度不宜過高，一般在 40℃～45℃(也可培養黴菌液後用噴霧接種)，然後將坯均勻側立於籠格竹塊上。

培養：腐乳坯接種後，將籠格移入培菌室，呈立柱狀堆疊，保持室溫為 25℃左右。約 20 個小時後，菌絲繁殖，籠溫升至30℃～33℃，要進行翻籠，並上下互換。以後再根據升溫情況將籠格翻堆成"品"字形，先後3～4次以調節溫度。入室 76 個小時後，菌絲生長豐滿，至不黏、不臭、不發紅，即可移出(培養時間長短與不同菌種、溫度以及其他環境條件有關，應根據實際情況調控)。

（3）裝壇。

採用瓷壇並在壇底加一兩片洗淨晾乾的荷葉，將豆腐乳裝壇後，再在壇口加蓋荷葉，並用水泥或豬血拌熟石膏封口。在常溫下貯藏，一般需 3 個月以上，就可以達到豆腐乳的品質品質，青方與白方豆腐乳因含水量較高，只需 1～2 個月即可成熟。

第三編　知名豆腐菜和名人傳說

歷史上，我們的祖先創造了許多具有地方特色的豆腐菜品，這些菜品在民間廣為流傳，經久不衰。而有些豆腐菜的流傳是得益於歷史人物的喜愛。豆腐菜與名人，他們的故事長久以來廣為流傳，為人們所津津樂道。

一、知名豆腐菜

1. 東坡豆腐

　　蘇軾（1037年—1101年），字子瞻，號東坡居士，是北宋時期著名的文學家、書畫家、詩人，又是一位美食家、烹飪大師。蘇軾愛吃，自稱為饞嘴的"老饕"，曾於《老饕賦》雲："蓋聚物之夭美，以養吾之老饕。"

　　蘇軾一生於宦海沉浮，仕履遍及南北，對我國各地的烹調技藝均有研究，在他的大量作品中，留下了許多品評飲食的精闢見解。他還創制了許多名饌佳餚，對中國的烹飪文化有著極大的貢獻。

　　相傳，北宋元豐年間，蘇軾因寫詩訕謗朝政，謫居黃州（今湖北黃岡），由於官職被貶，薪俸不高，生活過得比較簡樸，每次待客，常常親自下廚做菜。因蘇軾常愛做豆腐菜肴，並頗有研究，久而久之，人稱此肴為"東坡豆腐"。

　　據南宋林洪所撰《山家清供》記載，東坡豆腐有兩種做法：一是將豆腐用蔥油煎，然後加入研碎的香榧子、醬料一起煮；另一種是用油煎後加米酒烹煮。

　　東坡豆腐，由蘇軾首創後，很快聞名遐邇，其烹製方法廣為流傳，不久，隨著蘇軾職務的調動，這一美味亦傳到了浙江杭州、廣東惠州等地。

東坡豆腐

據說清代，廣東惠州知府伊秉綬回到家鄉福建，又把東坡豆腐一菜傳到了長汀，並成為長汀家喻戶曉的名菜。現今全國各地烹製的東坡豆腐，其色、香、味、形俱佳，均勝往昔。同時，使用的材料也發生了很大變化，有些做法雖然也名為"東坡豆腐，"實際上已經不是素菜了。

東坡豆腐的做法：

主料：北豆腐、小白菜；

輔料：香菇（鮮）、火腿、冬筍、小麥麵粉；

調料：豬油（煉製）、大蔥、薑、料酒、鹽、味精。製作過程：

（1）把冬筍、火腿分別切片，待用。

（2）把豆腐切成長方塊。

（3）撒精鹽少許，再粘上一層麵粉，放入八成熱油中炒。

（4）至呈金黃色，倒進漏鍋控油。

（5）炒鍋內倒入豬油，加熱，放蔥薑末、料酒、鮮湯、精鹽、豆腐、白菜心、香菇、冬筍、火腿，用小火燜入味。

（6）再轉旺火燒乾湯汁，出鍋裝盤。

東坡豆腐的特色：汁濃味醇，造型美觀，是傳統名菜。

2. 珍珠翡翠白玉湯

相傳，明王朝開國皇帝朱元璋少年時期家境特別貧窮，常常是吃了上頓愁下頓，16 歲那年，他又因父母雙雙死於瘟疫而無家可歸，被迫到家鄉皇覺寺當了一名小和尚，以混口飯吃。但不久，家鄉就鬧了災荒，寺中香火冷落，他只好外出化緣。在這期間，他歷盡人間滄桑，常常一整天討不到一口飯吃。有一次，他一連三日沒討到東西，又餓又累，在街上昏倒了，後來被一位路過的老婆婆救起帶回家，將家裡僅有的一塊豆腐和一小撮菠菜放在一起，澆上一碗剩粥煮熟，餵給朱元璋吃了。朱元璋吃後，精神大振，問老婆婆剛才吃的是什麼，那老婆婆苦中求樂，開玩笑說那叫"珍珠翡翠白玉湯"。後來，朱元璋當上了皇帝，嘗盡了天下美味佳餚，但有一天他生了病，什麼

也吃不下，便想起了當年在家鄉乞討時吃的"珍珠翡翠白玉湯"，當即下令御廚做給他吃。那御廚無奈，只得用珍珠、翡翠和白玉混在一起，煮成湯獻上，朱元璋嘗後，覺得根本不對味，一氣之下便把這個御廚殺了，又讓人找來一位他家鄉的廚師去做。這位廚師很聰明，他暗想：皇上既然對真的珍珠翡翠白玉湯不感興趣，我不妨來個仿製品碰碰運氣。因此，他便以魚目代珍珠，以紅柿子椒切條代翡（翡為紅玉），以菠菜代翠（翠為綠玉），以豆腐加餡代白玉，並澆以魚骨湯。此菜獻上之後，朱元璋一吃，感覺味道好極了，與當年老婆婆給他吃的幾乎一樣，於是下令重賞那位廚師。那廚師得賞錢後，便告病回家了，並且把這道皇帝喜歡的菜傳給了父老鄉親。

珍珠翡翠白玉湯的做法：

主料：鰱魚淨魚肉、豆腐；

輔料：蝦仁、胡蘿蔔；

調料：鹽、香油、乾澱粉、雞蛋清、清湯。

製作過程：

（1）將鰱魚宰殺乾淨，輕拍取出魚線後順著魚骨用刀將魚肉和魚骨分開。

（2）去掉脊骨、主刺，順纖維紋路刮取魚肉（接近魚皮的魚肉色澤較深，會影響魚丸色澤潔白的效果，所以不用刮掉）。

（3）用清水沖洗魚肉，去除血筋和混濁雜質，直至魚肉呈白色，然後用潔淨紗布濾去水。

（4）蝦去殼，去蝦線，與魚肉混合後平放在砧板上，用擀麵杖敲打。

（5）敲打至魚肉稍有轉白，手感有黏性，全部成泥；魚泥放入碗中，調入適量鹽、澱粉、雞蛋清攪拌至上勁。

（6）胡蘿蔔洗淨去皮，切成胡蘿蔔花；油菜擇洗乾淨，取菜心備用；豆腐切塊備用。

（7）胡蘿蔔花入沸水中汆燙後撈出。

（8）洗淨的魚骨改刀後用油煎一下再加水、蔥段、薑塊，先大火燒開，後小火慢燉至湯濃呈乳白色時加入鹽、胡椒粉調味，即成湯料。

（9）湯料濾掉雜質待用。

（10）雙手抹少許油，取適量魚泥搓圓；入沸水鍋中汆燙至變色撈出。

（11）砂鍋置火上，倒入適量湯料燒至溫熱。

（12）將魚丸逐一下入鍋中，調入少許鹽，改用旺火燒沸；待魚丸全部浮起，撒入胡蘿蔔花、油菜、豆腐塊，慢煲至豆腐熟即可。

3. 金鉤掛玉牌

貴陽有道膾炙人口的名菜——金鉤掛玉牌。什麼是"金鉤掛玉牌"呢？說白了，就是豆芽煮豆腐。關於這道菜，民間早有一段軼聞。在明末清初，有一對潘姓夫婦，家甚貧，皆年近四旬，生一男，起名"福哥"。福哥生性聰敏，七歲時即能詩文，長大後，詩詞歌賦、琴棋書畫，無一不通。後逢大比之年，入城省試，遂名列前茅。不日主考官召見，先詢問福哥雙親操持何業，答曰："父，肩挑金鉤玉牌沿街走；母，在家兩袖清風換轉乾坤獻瓊漿。"其意就是說，父親挑著豆芽豆腐沿街求售；母親挽起袖頭在家推磨豆腐。又問："府第坐落何地？"福哥回答："數間茅樓靜觀世間炎涼態，千柱落腳洞窺群巒暖春來。"其意是說，我住的茅草屋是用若干根小竹片和一些小樹枝編織成籬笆撐住，從竹枝的虛疏罅隙中可見到世態的炎涼和山巒間到來的春天。這個不學無術的考官雖不解其意，依然連連點頭，時有副主考官坐在旁邊，見主考官一副呆相，也就不敢插言。此事一時傳遍鄉里上下，只要潘老頭肩挑豆芽豆腐出門，人們便搶購一空。就在這個時候，人們不約而同地把豆芽豆腐稱作"金鉤掛玉牌"了。從此各階層的人們，特別是信佛之人日食此菜者竟十有

金鉤掛玉牌

八九，沿襲至今，始終不衰。

金鉤掛玉牌，其味清香淡雅，湯色綠裡飄白，以金瓣豆芽相襯，十分典雅。若嫌味道不夠濃郁且為素食者，可用紅辣椒、切成蠅頭細丁的烤豆豉粑，再和以蔥、薑、蒜、醬油為蘸汁，辣香之味陡增，繼之食欲頓開，異香可達戶外，使人聞其香而止步，知其味而停車。

金鉤掛玉牌的做法：

主料：豆腐、黃豆芽；

調料：醬油、味精、花椒粉、小蔥、辣椒粉、香油、鹽、菜籽油。

製作過程：

（1）把豆腐切成片備用。

（2）蔥切蔥花。

（3）辣椒粉盛入小碗。

（4）將黃豆芽洗淨，放入砂鍋內，用大火煮 5 分鐘後，加入豆腐合煮，放少許鹽，把豆腐煮透，盛入湯碗備用。

（5）鍋中放菜籽油，燒至七成熟，澆在辣椒粉上，燙熟，加入醬油、味精、花椒粉調成味汁。

（6）將味汁按每人一碟分成幾份，澆上香油，撒上蔥花。

（7）將豆腐、黃豆芽碗與小碟味汁一起出菜。

（8）食用時，用主料蘸味汁吃。

4. 八寶豆腐

八寶豆腐是京杭傳統名菜，原是清康熙皇帝喜食的御膳之一。

據說康熙偏愛八寶豆腐，不僅經常食用，而且有時竟把它的烹飪方法作為賞賜以籠絡大臣。據清代宋犖所著《西陂類稿》記載：宋犖 72 歲任江蘇巡撫時，一年，康熙帝南巡，由於他侍奉勤謹，很得康熙的歡心，便受到御賜八寶豆腐的殊恩。"四月十五日旨傳出：朕有自用豆腐一品，與常不同。因巡撫是有年紀的人，可令御廚傳授與巡撫廚子。為後半世受用。"宋牧仲受寵若驚，把這豆腐的烹製方法視為至寶，秘不外傳。

而八寶豆腐能從御膳房傳到民間，則是清代大學士、刑部尚書徐乾學的功勞。徐乾學（1631年—1694年），字原一，號健庵，曾奉命主編《大清一統志》《會典》《明史》，其學識、人品深得康熙帝的贊賞，因此，得以成為受賜八寶豆腐的寵臣。據清代袁枚《隨園食單》載，徐尚書去御膳房取方子時，還

八寶豆腐

被御膳房的太監敲詐了1 000兩白花花的銀子。徐尚書沒有宋牧仲那麼保守，後來把烹製方子傳給了門生王式丹。此後，王式丹傳至其孫王孟亭太守，故又稱"王太守八寶豆腐"。

八寶豆腐的做法：

主料：豆腐一塊半，蛋清一個，熟蓮子、百合、海參、雞肉、火腿、冬筍、冬菇、油菜各少量；

配料：蔥、薑末、鹽、味精、澱粉各少許。

製作過程：

（1）把豆腐攪碎，加上蛋清、澱粉拌勻。

（2）在盤內放少許熟油，把豆腐攤在盤上，加上熟蓮子、百合、海參丁、雞肉丁、火腿丁、冬筍、冬菇丁、味精、蔥、薑末、鹽，上屜蒸熟取出。

（3）鍋內放入半勺雞湯，湯開後用澱粉勾汁，澆在蒸熟的豆腐上即成。

5. 魚頭豆腐

"肚饑飯碗小，魚美酒腸寬；問客何所好，豆腐燒魚頭。"這是過去掛在杭州王潤興飯店中的一副對聯。這"豆腐燒魚頭"還有一段與清乾隆皇帝有關的趣聞。

有一年，乾隆帝南巡到杭州，穿著便服游吳山，卻遇大雨，被困在山腰的一戶人家的屋簷下。乾隆又冷又餓，便進屋求主人弄些熱湯熱飯。這家主

人名叫王潤興，是個經營小飯食的攤販。王潤興見來客被淋得狼狽不堪，十分同情，便將家裡僅有的一個魚頭和一塊豆腐裝入砂鍋燉好接濟來人。乾隆吃著這頓飯菜，覺得比皇宮的任何珍饈都鮮美，回皇宮後還時常思念杭州的"魚頭豆腐"，但御廚總做不出來。

　　過了不久，乾隆再次南巡，於杭州停留，念及王潤興的一餐之情，便派人傳其來相見。因乾隆仍然沒有暴露身份，所以二人的交談無拘無束。乾隆問及王潤興的生計，王便據實回答："一年不如一年。"乾隆聽後，在賞賜銀兩之餘說："你很會燒菜，何不自家開個像樣的飯鋪，燒制你的拿手菜'魚頭豆腐'？"王潤興為難地說："這道菜本是粗菜，怕是有錢人不會食用，也掙不了錢。"乾隆聽聞覺得有理，略微思考後便提筆寫了一幅字，說："你的名字叫王潤興，飯鋪的字型大小就叫'王潤興飯鋪'吧。你將我寫的這幅字張貼在店堂中，保你生意興隆。"說著便將寫好的字幅交與王潤興。王潤興展開一看，不由大驚失色，嚇出一身冷汗，原來是"皇兒飯"三個字，落款為"乾隆"。王潤興急忙雙膝跪地，口呼："萬歲恕罪，謝主隆恩！"

　　而後，王潤興便在吳山腳下開了個"王潤興飯鋪"，專門經營"魚頭豆腐"，並將乾隆的題詞"皇兒飯"精裱高懸在店堂正中。因為他所經營的飯菜物美價廉，又因為當今皇上賜名他的飯菜為"皇兒飯"，所以生意極為興隆。

　　王潤興的砂鍋魚頭豆腐也越做越精，其他飯鋪也爭相仿製，做法不斷提高，味道越來越鮮美，流傳到今，成為南北菜肴中的一道名菜。

　　魚頭豆腐的做法：

魚頭豆腐

主料：鱅魚、南豆腐、魚頭；

輔料：冬筍、香菇（鮮）、青蒜；

調料：薑、豆瓣醬、黃酒、醬油、白砂糖、味精、豬油（煉製）、菜籽油。

製作過程：

（1）將鱅魚宰殺治淨，取其魚頭連帶一截魚肉洗淨，近頭部厚肉處深刻一刀，鰓蓋肉上剞一刀，鰓旁的肉上切一刀，放入沸水一燙。

（2）魚頭剖面抹上碾碎的豆瓣醬，上面塗上醬油。

（3）豆腐批成厚約1釐米的長方片，入沸水鍋氽一下，去掉豆腥味。

（4）冬筍削皮，洗淨，切片。

（5）香菇去蒂，洗淨，切片。

（6）砂鍋置旺火上烤熱，滑鍋後下熟菜油，至七成熱時，將魚頭正面下鍋煎黃，瀝去油，烹入黃酒，加醬油和白糖略燒，將魚頭翻身，加水，放入豆腐、筍片、香菇、薑末，同燒。

（7）待燒沸後倒入砂鍋，置小火上燉15分鐘，移至中火上再燉2分鐘左右。

（8）撇去浮沫，加入洗淨的青蒜段、味精，淋上熟豬油，連同砂鍋一起上桌即成。

6. 麻婆豆腐

麻婆豆腐是川菜中的名品，其特色在於麻、辣、燙、香、酥、嫩、鮮、活八字，稱之為"八字箴言"。材料主要有豆腐、牛肉末（也可以用豬肉末）、辣椒和花椒等。麻來自花椒，辣來自辣椒，這道菜突出了川菜"麻辣"的特點。

傳說中的麻婆本姓陳，專門以做豆腐為生。清同治年間，成都萬福橋是商賈聚集之地，陳老太在此開了一家豆腐店。由於她點漿技巧過人，做出的豆腐又白又嫩，燒制的豆腐菜又別有風味，因此，生意越做越紅火。

不料這竟引起她對門一家豆腐店老闆娘的嫉妒。一天，一位過客提著兩斤剛剁好的牛肉末來陳老太店中落座，對門豆腐店的老闆娘仗著自己年輕又有幾分姿色，便對這位客人暗送秋波。這位客人受到誘惑，便落下牛肉末徑直到對門去了。陳老太見此情景，心中又氣又惱。這時又走進來幾位客人，他們看到餐桌上的牛肉末，便說要吃牛肉末炒豆腐。陳老太本不想用別人的牛肉末，但客人急需食用，也就把這牛肉末同豆腐一起做菜給客人吃了。沒想到這道菜又香又有味，吃的人越來越多，生意異常火爆，客人絡繹不絕。

對門豆腐店的老闆娘見了，又氣又眼紅，便在顧客面前說陳老太的壞話，罵她是醜八怪，是麻子。陳老太是個大度的人，面對這一切，她不屑一顧，下氣力做自己的生意。後來，她乾脆在自家門頭上掛起"陳麻婆豆腐"的招牌。而後，隨著這個店名聲愈來愈大，麻婆豆腐這道佳餚也就名揚四海了。

麻婆豆腐

麻婆豆腐的做法：

主料：豬肉末、豆腐；

輔料：豆瓣醬、蒜、薑、蔥、豆豉、生抽、糖、花椒粉、雞精。

製作過程：

（1）豆腐切塊焯水備用。蔥、薑、蒜切末。肉切碎。

（2）熱鍋入油後加入肉末炒香取出，再加豆瓣醬、蔥、薑、蒜、豆豉炒香。加入生抽、雞精、糖調味，放入豆腐後再加入肉末和少量清湯，中火燒制。

（3）待湯汁濃稠時，加少許濕澱粉勾芡，淋明油出鍋，撒上花椒粉、香蔥末即可。花椒粉一定要用川渝的才夠味。豆腐要稍微燉制一下才入味。

7. 文思豆腐

文思豆腐始於清乾隆年間，是由揚州梅花嶺右側天寧寺一位名叫文思的和尚所創制的，原名"九絲豆腐"。文思和尚擅長製作各式豆腐菜肴，當時他取用豆腐乾、金針菜、木耳等原料製作了這道豆腐湯菜。由於清鮮異常，前往燒香的佛門居士都喜歡品嘗此菜，又因該菜為文思和尚所制，故稱為"文思什錦豆腐"。相傳，乾隆下江南時，在揚州品嘗了文思豆腐後，大為贊賞，不久，文思豆腐便成為清宮名菜。在清代《調鼎集·漢席》和《揚州畫舫錄·滿漢全席》中都有"文思豆腐"的記載。

20 世紀 30 年代的一天，藝術大師劉海粟來品嘗文思豆腐，與主廚、川菜耆宿呂正坤大師閒聊："文思豆腐是文思和尚的傑作，如豆腐能切成絲般細，一語雙關，吃來更有滋味。"劉大師的一句戲言，呂大師卻當起真來，不僅把豆腐切細如絲，而且還把原來的輔料也升格為葷料

文思豆腐

葷湯，將經酒浸發的干貝研磨成金色細絲，與草母雞煨成的湯一起熬成鮮汁來煮豆腐絲。煮好後，裝在玻璃燒鍋中，但見金絲銀絲遊弋在清澈的湯汁中，舀來品嘗，爽滑柔潤，清淡利口。

文思豆腐的做法：

主料：豆腐；

輔料：清雞湯、筍絲、香菇絲、火腿絲、菜絲、雞油；

調料：鹽、味精。

製作過程：

將豆腐切成豆腐絲，入沸水鍋中略焯，去除豆腥氣，在砂鍋內加清雞湯，外加清湯，放豆腐絲、筍絲、香菇絲，燒沸後撇去浮沫，加鹽、味精、火腿絲和菜絲稍燴，出鍋倒入湯碗內，淋上雞油即成。

特性：色澤白綠相間，豆腐細嫩，湯汁鮮美。

二、豆腐與名人

豆腐由於它的物美價廉、隨處可得、易與其他菜肴搭配等優點，自產生起，很快成為上至帝王顯貴，下至平民百姓喜愛的食品，與眾多名人結下了不解之緣，並且由此產生了許許多多的傳說和故事。

1. 關公出世

傳說有一年，湖廣一帶的老百姓，不知為何得罪了老天爺，玉帝傳旨四海龍王，三年內不准在湖廣上空播一滴雨，哪個不聽，天規不饒。

東海龍王有個兒子是露水龍。他心地善良，見父親好長時間不去播雨，不免為百姓們擔憂起來。這天，露水龍打算到湖廣荊州走一趟，看看旱情究竟如何，於是，從東海到長江，不一會兒就遊到荊州境內。他出水一看，見岸邊有座龍王廟，就變成一位老者來到了廟裡。

這廟裡有位神機妙算的老和尚，見老者是露水龍所變，忙將他迎進廟裡，和他下起棋來。一盤棋還沒下完，忽聽外面傳來陣陣哭聲。露水龍問："何人在此哭泣？"老和尚答道："只因久旱，百姓們在此求雨呢！

關羽

唉，可惜眼淚哭乾，也難動龍王惻隱之心，看來黎民們是枉修了這座龍王廟啊！"露水龍聽罷，心中很難受，便推開棋盤，離開了龍王廟。一路上，他只見田乾地裂，禾苗焦枯，一片荒涼。

露水龍本想為民降雨，怎奈自己只會降露，而每降一次露，只不過黎明時分降那麼一點點，怎能解得了大旱？但露水龍什麼也不顧了，便把一年的露水全部集中降了下來。

玉帝得知露水龍違抗聖旨，頓時大怒，立即叫天兵天將把他綁上了天宮，只等午時三刻開刀問斬。

再說龍王廟裡的老和尚這天正在廟裡念經，突然廟頂上空電閃雷鳴，天像要塌下來一般。到午時三刻，天上竟下起了血雨。老和尚一見，心中暗自吃驚，掐指一算，頓時大叫："不好!露水龍為民降露，今日被玉帝殺害了。"忙吩咐幾個小和尚從廟裡抬出一口大鐘，去接住天上落下的血雨。

過了好一會兒，血雨方止。老和尚將大鐘密閉，然後對徒弟們說："不到二十年，誰也不准動它。"

一轉眼，二十年就要到了。這天，一個小和尚對師兄師弟說："師父交代我們不要動這佛鐘，是何緣故？今天我們趁他不在，定要看個究竟。"說完，他們便走到鐘邊。當把蓋子揭開一看，只見裡面長出一個肉球，小和尚們一個個被嚇得目瞪口呆。其中一個膽大的小和尚走上前，用梆子敲了一下，只聽"啪"的一聲，肉球炸裂，鑽出個紅臉嬰兒來。眾和尚一見知道闖了大禍，都嚇得躲起來。這時，老和尚外出歸來，看見佛鐘裡有一個紅臉嬰兒，知道是露水龍轉世，忙將他用溫水沖洗，再用袈裟包好，準備抱進後殿，不料這時突然闖進一位燒香的地方官員，見老和尚抱著一個嬰兒，頓時大怒，呵斥道："廟內乃聖潔之地，為何私藏嬰兒？"老和尚不願道破真相，只好念起"阿彌陀佛"。這官員見老和尚不敢回話，料想嬰兒必然來得不清白，即命隨從將嬰兒丟進長江。

嬰兒落水後，眼看就要沉下去了。就在這時，江面上突然飛來一群仙鶴，將嬰兒托了起來，送到黃河。

原來，二十年前，正當仙鶴快要被渴死的時候，露水龍降下許多露水救了它們的命。而今，仙鶴們見露水龍轉世後又遭大難，便前來搭救他。仙鶴們從身上拔下羽毛，做成一隻羽毛船，把嬰兒放到船上後就飛走了。

嬰兒乘羽毛船順流而下，漂呀漂呀，漂到了一個小村子旁邊，突然船被岸邊的樹枝掛住，動不了了。恰巧這時有個老頭到河邊淘洗豆子，一見羽毛船上有個嬰兒，忙將他抱了回去。

　　這老頭姓關，是個打豆腐的，家裡無兒無女，只有老伴一人。老伴見關老頭抱回一個紅臉嬰兒，十分歡喜。老兩口一商量，決定把嬰兒留下撫養。可是，給嬰兒取個什麼名字呢？關老頭心想，這孩子是坐羽毛船來的，就叫他"關羽"吧。至於關羽為什麼是一副紅臉，相傳是因為他出世時離二十年還差一天，所以臉上還有血，當時老和尚怎麼洗也洗不乾淨，故長大後臉一直是紅紅的。

2. 諸葛亮算帳明理暗自勉

　　提起諸葛亮，一般人都知道他能掐會算，料事如神，是個大能人，卻不知道他也曾被一筆小帳難倒過，以至於終生不喝酒，也不吃豆腐。

　　諸葛亮在隆中隱居時，常常自比管仲、樂毅，自命不凡。有一天，他在抱膝亭裡讀書，有些累了，便夾著書下山散步，不一會兒，看到一位老漢坐在一棵大樹下，面前歇著一副擔子。諸葛亮上前一看，擔子一頭是白淨水嫩的豆腐，另一頭是醇香誘人的高粱酒。這時，諸葛亮也覺得肚子餓了，便上前躬身施禮道："老人家。這豆腐和酒可是賣的？"

　　老漢一邊站起來拱手還禮，一邊笑道："正是，正是。既然是諸葛先生想要，那就不用破費了。"

　　諸葛亮一聽，連忙笑著搖頭說："那怎麼行，您這小本生意，也夠辛苦的了。我豈能白吃？"

　　老漢見諸葛亮只是搖頭，便說："那就這樣吧，我有筆小帳，請先生幫我算算。如算出來了，這酒與豆腐就權當謝禮。"

　　諸葛亮這才含笑點頭，請老漢說出那筆小帳來。老漢拱拱手，說道："我想請教先生，一斤豆子能做多少豆腐，一斤高粱能釀多少酒？"諸葛亮一聽，忍不住笑了，以為這問題很簡單，可是略一思考，卻感到有些棘手，再細想，便覺得為難了！為什麼？因為諸葛亮長這麼大，雖說吃過不少豆腐，喝過很多酒,卻從來沒有磨過豆腐、釀過酒,不知道這筆小帳應該如何去算。他邁著方步兒,踱來踱去,搜腸刮肚,用盡心思,還是算不出來,只好走上前,紅著臉躬身對老漢說道:"慚愧!我實在算不出來。老人家一定知道,晚生倒要向您討教了!"

老漢捋著鬍鬚,呵呵笑道:"其實這筆小帳並不難算。用豆子做豆腐,水多豆腐就嫩,一秤就顯得重,水少豆腐老,一秤就顯得輕,這就叫'豆打豆腐沒定數'。高粱釀酒就不同了。高粱放在桶裡蒸,桶下有鍋,鍋上結水汽,水汽變成酒,一斤高粱只能蒸一斤多酒,這就叫'高粱蒸酒有加頭'。先生沒有幹過這事,所以算不出來,這就是'事非經過不知難'。諸葛先生都這樣,旁人就更不必說了。"諸葛亮聽後,不禁連連點頭,高興地說:"承蒙老人家指教,晚生受益不小。請您受我一拜!"說著就躬身下拜。老漢趕緊拉住他,指著豆腐與高粱酒說道:"你雖然沒有算出這筆小帳,但這一拜,我可當不起。我把這酒與豆腐送與你,就算我給你的見面禮吧!"諸葛亮聽了連連擺手,滿臉愧色地說:"我怎麼還敢要您的豆腐和酒呢?為了記住今天的教訓,警戒自己的弱點,我打這以後,一輩子也不吃豆腐,不喝酒了!"

從此以後,諸葛亮活到老,學到老,謹慎了一輩子,凡是看見他人吃豆腐、喝酒,就暗暗自勉,告訴自己不可自以為是。

諸葛亮

3. 王羲之賣豆腐

東晉時期,有一年冬天,王羲之到京城建康(今江蘇南京)去謀求吃飯門路。趕到時已是半夜時分,市面早已關門閉戶。王羲之飢餓難耐、投宿無著，正在進退兩難之際，見巷子裡一戶人家房門打開，忙去求助。房主是個中年漢子，他見王羲之舉止文雅，像個老實人，便同意王羲之暫住一宿。

那漢子姓李，在這租了三間草房開了個豆腐作坊。年近四十，尚未娶妻，堂上有老母，全靠做豆腐手藝，維持母子生活。由於他手藝高，豆腐做得好，街鄰都叫他"豆腐李"。豆腐李做豆腐手藝好，但鬥大的字不識一個。他的豆腐賬，斤用大豆記，兩用小豆數，分別裝在兩個瓦罐裡，但常因為帳目不清，遭人欺騙。母子倆一天到晚手腳不閒，也只能賺點豆腐渣充饑。

吃了飯，王羲之正愁無法酬謝豆腐李母子留宿管飯的一片心意，見豆腐李為不識字受人欺騙而歎氣，忙掏出文房四寶，說："你把記帳的瓦罐搬出來，報帳戶戶主，說清斤數錢數，我來用筆記。明天就叫你帶著帳本去討賬。"豆腐李笑著說："沒想到今晚請來一個記帳先生。"

王羲之身無分文，又無親可投，便暫時住在豆腐李家，和豆腐李賣起豆腐來。豆腐李磨豆腐，他推磨；豆腐李賣豆腐，他來記帳；閒時，他就教豆腐李學些常用字，自己得空就練書法。每天有吃的豆腐，喝的豆漿，日子過得倒也爽快。

一天，豆腐李到當朝宰相謝安府上收賬。管家謝萬接過帳本一看，不由讚歎"好字"，便扔下豆腐李，進入內宅，把帳本呈上說："相爺，請看這字。"謝安掃了一眼帳本，便一把抓了過去，細看起來，看著看著，不由雙目生輝，眉開眼笑："此字廢古法而自立，書成乃秦、漢、魏、晉之風盡矣！"忙命謝萬傳要賬人來見。

豆腐李進了相府內宅，謝安看他並非飽學之士，便問："此帳本是何人所寫？"豆腐李說："此賬是小人口述，小人家裡的一位書生王羲之所寫。"

謝安說："老夫想請王羲之到此一敘。"豆腐李見無怪罪之意，就從謝安手裡拿回帳本，說："小人去叫他來就是。"

王羲之

謝安吩咐管家取紋銀一百兩，把豆腐賬還了。豆腐李推著不要，說："貴府欠帳莫過五兩銀子，多拿生災，小人不敢領受。"

　　謝安又問："帳本上所有欠帳是多少？"豆腐李說："也不過三五十兩銀子。""那就拿六十兩吧。不過，老夫有一事相商。"豆腐李說："他人欠帳貴府還錢，沒這道理。老爺有話儘管吩咐。"

　　謝安說："老夫酷愛書法。帳本所寫之字堪為一絕，老夫還想再出三百兩銀子，把此帳本買下。"豆腐李一聽，怕是圈套，便說："這帳本俺不賣。"

　　謝安以為他嫌錢少，命管家再取一百兩來。豆腐李心想，這帳本頂我做幾年的豆腐，一個字也頂我做幾十斤豆腐。管它是福是禍，賣了再說。賣罷，讓羲之老弟再寫。想到這裡，豆腐李把帳本交給了謝安，接過銀子，腳不沾地地走了。

　　豆腐李回到家，把去謝府收賬的經過給王羲之說了一遍，並特意說："相爺還請你去他府裡敘話呢！"王羲之聽了搖搖頭。

　　王羲之不去相府，謝安打聽到王羲之的住處，便化裝成百姓到豆腐李家中拜訪王羲之。由於豆腐李那天賣豆腐去了，故而王羲之不知謝安身份。兩人談時論政，志趣相投，並揮毫作書，很快便相互視為知己。從此，謝安常到作坊請王羲之為他書寫詩文。後來，豆腐李把謝安的身份向王羲之挑明，王羲之覺得謝安可交，便也常到相府做客。

　　不久，謝安舉薦王羲之當了官，為右將軍。王羲之以書法發跡後，為豆腐李娶妻安家。李母下世，王羲之又盡心安葬。

4. 杜甫與豆腐川的傳說

　　傳說唐天寶年間，安祿山、史思明由范陽起兵，直搗京城長安。唐明皇逃往巴蜀。大詩人杜甫也因戰亂攜妻帶子逃到陝北鄜州，在鄜州西北十分偏僻荒涼的羌村安頓下來。雖然有了安身之地，但杜甫徹夜難眠，思慮著何時才能擊敗亂軍。他感情起伏，詩興大發，便在山岩絕壁上寫下"長天夜散千山月，遠水霞收萬里雲"的絕句。後來，有人把這兩句詩鐫刻下來，至今仍能看到。

當時唐肅宗在陝北平叛。杜甫得知此消息後，決意投奔肅宗，以平息叛亂、報效國家。他丟下妻兒，隻身一人，沿著洛河向北，經石門，過石寨，到了延安府的萬花山下的花園頭。

這時，日落西山，他準備進村借宿一夜。剛進村，就見一個衣衫破爛、蓬頭赤腳的老人，肩挑一副筐擔，搖搖晃晃向杜甫走來。

杜甫一見長者，上前施了一禮，問道：＂大爺，村中可有住處，讓我借宿一晚？＂

＂沒有！＂老人連眼皮也沒抬一下，從牙縫裡擠出一句。

杜甫見老者對他存有戒心，便套近乎道：＂大爺，您是下地挑東西，還是進城賣菜？＂＂我去延安府賣豆腐咧。＂

杜甫又問：＂價可好？＂＂好個屁！那幫反賊，搶了豆腐不給錢，還要砸擔子。＂

杜甫聽說城裡有叛軍，不由心裡一驚。他見老者氣呼呼的樣子，便和氣地問：＂老人家，您貴姓？＂＂姓張。＂

＂敢問尊名？＂＂單名飛字。＂

＂唔，好厲害的名字啊！＂＂厲害個甚。真是張飛賣豆腐。＂

＂怎麼講？＂＂人硬貨軟嘛，一擔豆腐被糟蹋個精光，唉——＂

＂那不要緊。今天晚上我再給您趕做兩鍋，明天我幫您去賣。＂杜甫又說。

＂你會做豆腐？＂老人驚奇地問。

＂會。我老祖父做過豆腐，我小時候常見哩！再說我在長安住時，常到胡家廟豆腐巷裡看人家做豆腐哩。＂

＂什麼？你是從長安來的？＂

＂晚輩杜甫，剛從長安城來。＂

＂豆腐？＂老人聽岔了音，＂那咱們是同行。來，跟我走。只要你不嫌棄，跟我睡一晚上暖和覺，順便啊，也給我講講京城的事。＂

夜晚，杜甫磨豆子，張大爺撐包過渣、點漿，忙了一夜。天明時剛好做了兩鍋豆腐。二人各挑一擔，直奔延安府而去。

花園頭距延安府三四十裡。他們一路小跑，走到川口七裡鋪時，已是偏午時分。聽說城中叛軍盤查甚嚴，張大爺便讓杜甫休息一會兒，自己先去打聽一下。杜甫有些累了，索性脫下薄靴，高枕於頭下，呼嚕嚕地睡起來。

這時，一個叛軍軍官走過來，見石岩下睡著一個人，便踢著杜甫說："快起來！你是幹什麼的，大白天在這裡睡覺？"

杜甫猛地醒來，揉揉眼睛，順口答道："啊——豆腐。"

"你叫什麼名字？""豆腐。"

"在哪裡住著，靠什麼營生？"杜甫指指對面山溝："住在那裡，賣豆腐。"這時，張大爺正好回來，一把拉過杜甫，比畫著說："老子叫你挑豆腐進城去賣。可你倒好，在這兒瞎磨蹭。還不快走，給城裡老營送去。人家正等著哩。"

"老營？"軍官問。

"哎。"張大爺點了一下頭，"就是北城門鳳凰山腳駐紮的那老營，人家早等著要豆腐。你看我這憨娃還在這睡大覺哩。"

"我也正好要回老營，咱們是一路。"那軍官說。

此話正合杜甫之意，於是，他跟著這叛軍軍官一路過了南關，向鳳凰山走去。

杜甫和張大爺賣了豆腐，從老營出來，天已黃昏。張大爺將兩擔豆腐賣的兩百麻錢遞給杜甫，說："拿上這，路上好做盤纏。"

杜甫急忙推辭。張大爺說："別推辭了。快走吧，見了肅宗，就說延安府百姓盼著他能再返長安哩！"

杜甫辭別張大爺，從延安起程，走到邊塞蘆子關，不料，卻被反賊抓住，押回長安，關在獄中。在獄中，他寫了《月夜》《塞蘆子》《三川觀水漲》《玉華宮》《羌村》等詩，記述了此次陝北之行。

延安府百姓為紀念這位詩人的延安之行，就把他走過的川叫作"杜甫川"；又因為他曾走在這條路上賣豆腐，所以又叫"豆腐川"。

宋代范仲淹在當年杜甫枕臥歇息的石岩上，還親筆寫了"杜甫川"三字，後鐫於石岩上，至今仍完整可辨。明清知府也相繼在此建了"杜公祠""望杜亭"等。那祠堂門上還有一副對聯：

上聯是：清輝近接鄜州月。

下聯是：壯策長雄蘆子關。

橫批是：唐左拾遺杜公祠。

5. 趙匡胤吃小豆腐

傳說宋太祖趙匡胤在尚未發跡的時候，是一個闖江湖的流浪漢。有一年，他流落在山東萊州一帶，夜間蜷縮在破廟裡，白天便打牌擲骰子，贏了就買東西吃，輸了就挨餓。這年正逢大旱，莊稼顆粒不收。人們忍饑挨餓，誰還有閒心去耍錢？趙匡胤沒辦法，就走街串巷要飯吃。但遇到這個年頭兒，很少有人打發他，他有時餓得眼前直冒金星。

有一天，趙匡胤要飯要到了萊州西北沿海的孫家村。他要了好幾家都沒有人打發，又走進一個孤寡老婆婆家中。這個老婆婆平時吃齋念佛，為人善良。她養的一隻白狗從來不叫，這天卻吠個不停。老婆婆驚奇地從炕上下來，用拐杖打著狗把趙匡胤讓進屋裡。老婆婆看到這麼條大漢子，餓得有氣無力，便大發善心，把自己留作晚飯吃的半盆小豆腐（用大豆浸泡後磨成豆汁再加野菜做成）讓給他吃。趙匡胤早就餓壞了，便狼吞虎嚥地吃光了，臨別時才問明老婆婆姓孫，千恩萬謝地辭別而去。

趙匡胤當了皇帝後，每天都是大魚大肉、山珍海味，吃多了也就膩煩了，覺得吃什麼都沒滋味。有一天，他忽然想起在萊州孫婆婆家吃的小豆腐非常好吃，就叫廚師做。可無論哪位廚師，都做不出那種味道。這時，有一個大臣向他建議："陛下何不找那個孫婆婆來做？"趙匡胤便差人去找孫婆婆。

趙匡胤把孫婆婆找來，就叫她做當年吃的小豆腐。孫婆婆泡上了黃豆，磨出了豆汁，又差人找來些野菜，按自己的習慣做法做了一鍋小豆腐。趙匡胤一吃，覺得又苦又澀，趕緊吐了出來，說："不對，不對，一定是做錯了。"孫婆婆說一點不差。趙匡胤問："為什麼不如那時候吃著香？"孫婆婆想了想，慢騰騰地說："饑了甜如蜜，飽了蜜不甜啊！"趙匡胤聽了恍然大悟，連連點頭稱是。他給了孫婆婆很多財物，送她回家，並經常派人去看望她。

孫婆婆死後，大將鄭恩正在萊州西海岸建造宏偉的東海神廟。趙匡胤遂命修建"孫母祠"，坐落在海神廟院裡，以紀念和報答孫婆婆的恩德。

6. 朱元璋與"四菜一湯"

相傳朱元璋建立明王朝不久，適逢天下大旱，各地糧食歉收，百姓生活十分艱難。可一些達官貴人仍花天酒地，生活奢靡。出生貧苦、討過飯的朱元璋對此非常惱火，決心自上而下整治這番揮霍浪費的吃喝風。想整治，卻不知從何下手。正在犯愁之際，皇后馬娘娘遂出了一個主意。

不久，到了馬娘娘的生日，滿朝文武皆來賀壽。朱元璋看百官都到齊坐好了，就吩咐宮女們上菜。

令大臣們吃驚的是，首先端上來的是一大盤清炒蘿蔔。朱元璋說："蘿蔔蘿蔔，勝過藥補。民間有句俗話說，'蘿蔔進了城，藥鋪關了門'。來來來，願眾愛卿吃了這蘿蔔祛病保體健。"說罷，朱元璋帶頭先吃，大臣們不得不吃。接著，宮女們端上來的第二道菜是炒韭菜。朱元璋說："小韭菜，四季青，長治久安得民心。"說完，又帶頭夾韭菜吃，大臣們只好也跟著夾韭菜吃。一會兒，宮女們又端上了兩盤青菜。朱元璋指著說："兩盤青菜一樣香，兩袖清風好卿相。吃朝廷的俸祿，要為國家著想，為百姓辦事，應該像這兩盤青菜一樣清清白白。"

最後，宮女們端來了一大碗蔥花豆腐湯。朱元璋又道："小蔥豆腐清又白，公正廉明如日月。寅是寅來卯是卯，吾朝江山牢又牢。"

宴罷，朱元璋鄭重宣佈："今後眾卿請客，最多只能四菜一湯。皇后壽宴就是榜樣，若有違反，嚴懲不貸！"

據說，自此以後，大吃大喝之風得到了有效遏制。"四菜一湯"也因此成了"廉潔"的代名詞。

7. 金聖歎幽默玩到死

金聖歎（1608年—1661年），明末清初著名文學評論家，尤以評點《水滸傳》等六部古典名著而出名。

金聖歎從小好學有才華，長大後狂傲有奇氣。清順治十八年（1661年），順治皇帝駕崩，留下一道整治地方吏治的遺詔頒發全國。這本來是例行的文告，大多數是做做樣子，但金聖歎這次想趁清廷整頓吏風之機，把貪贓枉法的吳縣知縣扳倒。他聯合吳縣許多文人群起抨擊，大揭吳縣知縣的"爛疤"。誰知這個知縣的後臺很硬，有江蘇巡撫朱國治給他撐著。金聖歎見扳不倒吳縣知縣，竟然率領這班文人到孔廟裡向孔夫子哭訴。這便是清史上比較有名的"哭廟"事件。

可想而知，像金聖歎這樣的人在"哭廟"時一定口無遮攔，免不了說些對清政府不滿的話，這給存心要"修理"這批文人的朱國治抓住了把柄。他先以"大不敬"罪名逮捕了他們，將他們投入監獄，接著又買通一名盜賊誣陷他們同一個"反叛"案件有關，於是，大獄鑄成。

最後，金聖歎和另18位"哭廟"參與者都因"反叛"罪被處以死刑。

金聖歎即將被斬決的時候，他的兩個兒子前來看他。父子即將永別，金聖歎也禁不住淚流滿面。可是當兒子問他有什麼遺囑時，他又玩起了幽默："兒呀，有件事我得讓你們知道，吃五香豆腐乾的時候要和花生米同嚼，那個味兒像吃火腿肉，美極了。這是個秘密，你們千萬別讓別人給學去了！"

兩個兒子聽了，真是哭笑不得。

這天，正好下著大雪。金聖歎在刑場上還作詩一首："天悲悼我地亦憂，萬里山河戴白頭。明日太陽來弔唁，家家戶戶淚長流。"

行刑時間已到，站在金聖歎背後的劊子手已經高高舉起大刀。金聖歎突然狂笑起來："砍頭，最痛了；抄家，最慘了。我金聖歎同時得到了這兩'最'，大奇！大奇！"

刀光一閃，金聖歎的幽默人生結束了。

8. 乾隆火焚紅崖寺

陝縣馬頭山頂，原有紅崖寺，寺中和尚勾結官府，殘害百姓，攔路搶劫，霸佔民女，無惡不作。有一村民馬寶珠，姑母被紅崖寺和尚糟蹋致死。寶珠上訪告狀，直到北京。乾隆皇帝聞之大怒，當即微服私訪。他以拜佛為名，先到紅崖寺，寺中惡和尚見他相貌不凡，大起疑心，便將他扣在大鐵鐘下，欲令其自行餓斃。

乾隆衣上紐扣系夜明珠所制，夜間放光，有一小和尚看見，上前悄聲詢問。乾隆道："我本是一算卦先生，今來拜佛，不想禍從天降。"小和尚設法將乾隆救出，即請算卦。乾隆道："紅崖寺和尚多行不義，傷天害理，均將死無葬身之地。唯有你可見皇上一面，尚有一席之地。你須立即送我下山。"小和尚遂送乾隆下山。分手時，乾隆道："若見寺院火起，你須直往東跑。"

乾隆西走，到石壕街時，饑腸轆轆，遂在張點開的豆腐鋪中吃了一碗豆腐，借來紙筆，寫下調兵令，叫張點直送陝石兵營。陝石駐兵一見聖旨，不敢怠慢，立時將馬頭山團團圍住。惡和尚據險頑抗，乾隆下令火燒，偌大一個紅崖寺，立刻化為灰燼。惡和尚全部被燒死。

小和尚見寺院起火，拼命往東跑，跑出數裡，心力交瘁，倒地而死。乾隆命人劃出一片地，建塔安葬。

馬頭山上今有紅崖寺遺址，蒲劇有《火燒紅崖寺》劇碼，其中有一折《張點賣豆腐》尤為膾炙人口，久演不衰。石壕也因乾隆之故，改稱"乾壕"，一度曾稱"興隆鎮"。

9. 袁枚為豆腐三折腰

袁枚（1716年—1797年），字子才，號簡齋，晚年自號隨園老人，浙江錢塘（今浙江杭州）人，是清乾隆年間的著名詩人、文學家。他才華出眾、詩文冠江南，與紀曉嵐有"南袁北紀"之合稱。

袁枚好吃，也懂得吃，是一位烹飪專家，曾著有《隨園食單》一書，是我國飲饌食事中的一部重要著作。他詳細記述了我國自18世紀中葉上溯到14世紀的326種菜肴、飯點，大至山珍海味，小至一粥一飯，無所不包。真是味兼南北，美饌俱陳，為我國的飲食史保存了不少寶貴的史料。

袁枚提倡吃豆腐，他說豆腐可以有各種吃法，什麼美味都可以加到豆腐裡。有一回，他到一位朋友家做客。酒宴桌上，他看到一道用芙蓉花和豆腐烹製的菜肴，製作非同一般，豆腐清白若雪，花色豔如雲霞，看了惹人眼饞，聞了令人心動。袁枚夾了一塊，細細品味之後，覺得清嫩鮮美，便立即向主人請教做法。

主人打趣地說道:"俗話說得好,'一技在身,賽過千金'。這豆腐的做法哪能輕易傳人?"袁枚聽了信以為真,略一思考,似乎明白了什麼,說:"你要什麼條件?請開個價。"主人見他一副誠懇的樣子,就故意開個玩笑道:"這是金不換吶!"袁枚見主人執意不肯,心裡發急,為難地說:"那你說怎麼辦呢?"主人一本正經地說:"陶淵明當年不為五斗米折腰。只要你肯為這豆腐三折腰,我就傳授給你。"袁枚是個爽快人,聽後立即起身,畢恭畢敬地向主人彎腰三鞠躬。主人見他果真屈尊求教,便告訴他這個菜叫"雪霞羹",以豆腐似雪、芙蓉如霞而得名。然後,將燒制方法詳細地教給了他。袁枚歸家後如法炮製。毛俟園吟詩記此事云:"珍味群推郇令庖,黎祁尤似易牙調。誰知解組陶元亮,為此曾經一折腰。"袁枚為豆腐折腰,一時傳為美談。後來袁枚在編撰《隨園食單》時,特意將"雪霞羹"的製作方法收於書中,使更多的人飽享口福。

10. 慈禧太后與王致和臭豆腐

　　慈禧太后因食王致和南醬園的臭豆腐,使醬園身價提高百倍。醬園門前的三塊立匾均繪龍頭,以示"大內上用"。咸豐狀元孫家鼐還為其寫了兩幅門對:"致君美味傳千里,和我天機養寸心;醬配龍蹯調芍藥,園開雞趾種芙蓉。"四句的頭四個字合起來便是"致和醬園"。

　　王致和臭豆腐為清康熙年間,由安徽仙源舉子王致和所創制。其味道異常鮮美,慈禧太后賜雅號"青方"。時至清末,王致和臭豆腐便成了慈禧太後的御用珍品。

　　當時,御膳房每天要為慈禧準備一碟用炸好的花椒油澆過的臭豆腐,而且必須是當天從王致和南醬園買來的。但有時因為去晚了,或趕上停業盤點買不到新開缸的,太監們只好用剩下的頂替。

　　慈禧為了測試臭豆腐是否新鮮,在一次進膳時,故意將一粒花椒暗藏在臭豆腐中。第二天進膳時,慈禧撥開碟中臭豆腐,發現那粒花椒仍在,便勃然大怒,嚴懲了主管太監。自此,太監們只好到王致和南醬園去求方便,以保證不誤"上用"。於是,王致和臭豆腐更是名聲大振。

11. 孫中山與豆腐菜

我國近代偉大的革命先行者孫中山早年畢業於香港醫學院，後來留學國外，從事醫學研究，對我國和歐美各國的飲食風尚、烹調技術和食品營養都有一定的研究。

他在所著《建國方略》中提出，中國的許多大眾化食品是很有營養的，"如金針、木耳、豆腐、豆芽等品，實素食之良者，而歐美各國並不知其為食品者也"。

孫中山特別推崇豆腐。他說："西人之提倡素食者，本於科學衛生之知識，以求延年益壽之功夫。然其素食之品無中國之美備，其調味之方無中國之精巧……中國素食者必食豆腐。夫豆腐者，實植物中之肉料也。此物有肉料之功，而無肉料之毒。故中國全國皆素食，已習慣為常。"並說："夫素食為延年益壽之妙術，已為今日科學家、衛生家、生理學家、醫學家所共認矣。而中國人之素食，尤為適宜。惟豆腐一物，當與肉食同視，不宜過於身體所需材料之量。"

孫中山還認為，中國窮鄉僻壤之人所以長壽，是與粗茶淡飯佐以菜蔬、豆腐有直接關係。他說："中國常人所飲者為清茶，所食者為淡飯，而加以菜蔬豆腐。此等之食料，為今日衛生家所考得為最有益於養生者也。"

在生活中，孫中山也特別喜歡吃豆腐菜，他獨創的"四物湯"就是由金針菜、黑木耳、豆腐、黃豆芽合成的一個食療良方，被人譽為"中山四物湯"。

12. 毛主席與豆腐

毛主席的生活非常簡單，在飲食上喜歡吃粗糧、雜糧。新中國成立後，毛主席一直吃紅糙米，並且常在裡面摻上小米、黑豆或紅薯等。菜一般是四菜一湯。毛主席在口味上偏愛鹹、辣，餐桌上少不了一碟乾炕的紅辣椒和一碟豆腐鹵。毛主席有一個習慣，吃完飯，有時喜歡夾一點豆腐鹵放在嘴裡吮吮。有一次吃過飯，毛主席又將筷子伸向豆腐鹵，可是他沒能夾碎那半塊豆腐鹵，提起筷子時，半塊豆腐鹵全被帶了起來。毛主席稍微一猶豫，把那半塊豆腐鹵全塞進了嘴巴。陪同吃飯的人員叫了起來："哎呀，多鹹呀！"毛主席笑著說："它跟我搗蛋，以為我不敢吃了它！"陪同說："快吐了吧。"毛主席放下筷子，嚼著豆腐鹵說："我才不吐呢。我這個人哪，不喜歡走回頭路，不願幹後悔事。"

毛主席對豆腐比較偏愛。1956 年，毛主席在北京同音樂工作者談話時說："中國的豆腐、豆芽菜、皮蛋、北京烤鴨，是有特殊性的。別國比不上，可以國際化。"直至毛主席去世前一年多的時間裡，他的主要食物就是魚頭燉豆腐。

毛主席早年在長沙讀書時，經常去火宮殿吃臭豆腐。火宮殿始建於清乾隆十二年（1747 年），是一個供奉火神的古色古香的廟宇。每年廟會期間，各地風味小吃彙聚於此，逐漸形成了富有濃郁地方特色的小吃市場。其中的臭豆腐獨具風味。把剛炸出的墨黑露紫的臭豆腐，放進油發辣椒、蒜蓉、醬油醋碟裡滾一圈，入口輕輕一咬，皮脆肉嫩、味足汁濃。1959 年 6 月，毛主席便回到故鄉湖南，在長沙詢問當地幹部火宮殿是否還賣臭豆腐。當聽說還有時，毛主席專程到火宮殿吃臭豆腐，吃得腮香齒辣，連連稱讚說："長沙火宮殿的臭豆腐乾子，聞起來臭，吃起來是香的。"後來，彭德懷、葉劍英、王震等國家領導人慕名前往火宮殿品嘗臭豆腐。

事隔 7 年，1966 年 "文化大革命" 開始，長沙的一些紅衛兵在 "破四舊" 的狂熱中要砸火宮殿。聞知此事，有關方面憂慮萬分，突然，有人想起毛主席專程來火宮殿吃臭豆腐的事情，便出了一個主意。第二天，當紅衛兵們雄赳赳奔到火宮殿時，突然看到殿前大門上貼了一張大紅紙。上面寫著："最高指示：長沙火宮殿的臭豆腐乾子，聞起來臭，吃起來是香的。"這條語錄把紅衛兵們驚得目瞪口呆，只好偃旗息鼓，垂頭喪氣地走開了。

13. 周恩來、鄧小平做豆腐

據說 "五四運動" 以後，有一批中國先進的知識份子去法國留學，因缺少學費，周恩來、鄧小平等同志為這個問題犯了愁。一天，他們在商討如何勤工儉學時，鄧小平提出做豆腐，周恩來贊同地說："好！咱們就試試做吧！"說定之後，就和同學們開起了"中華豆腐坊"。大家輪流搖起豆腐磨，你說一個笑話，他哼一支小曲，非常樂觀。周恩來吟起古人豆腐詩："旋輪磨上流瓊液。"鄧小平接著和吟下句："煮月鐺中滾雪花。"大家聽了拍手叫好，在愉快中忘記了疲勞。

豆腐製出後，推銷又是個難題，因為法國人不瞭解豆腐的吃法和特點。他倆又到餐館和酒店做起炒豆腐、虎皮豆腐等豆腐菜，一面炒菜，一面向食客介紹它的風味和營養價值。外國人特別講究營養，經過介紹和品嘗，個個嘖嘖稱道，一傳十，十傳百，傳遍了巴黎，到餐館就餐的人絡繹不絕，"中華豆腐"名震巴黎，小小豆腐坊所產豆腐大有供不應求之勢。因為供不應求，餐館想了個辦法：限定時間，賣完為止。就這樣，周恩來、鄧小平等留學生靠做豆腐、賣豆腐，解決了學費問題，同時也為中共旅歐支部提供了活動經費。豆腐這個傳統食品在中國革命事業中也立下了汗馬功勞。

後來，經周恩來、鄧小平等老一輩革命家的介紹，豆腐的派生食品——豆漿、豆腐腦、豆腐乾、腐絲、腐皮、凍豆腐、腐乳、臭豆腐等也流傳到歐美各名都要會，豆腐由冷門貨變為熱門貨。周恩來、鄧小平賣豆腐的故事，至今仍為佳話。

14. 鄧小平的平民生活

戰爭年代，他統領千軍萬馬、叱吒風雲；和平時期，他率領億萬人民改革開放、走向富強。然而，正是這樣一位傳奇式的領袖人物，他的家庭生活、他的飲食起居，卻如普通人一樣。他就是我國改革開放的總設計師——鄧小平。

鄧小平在飲食上非常簡樸。他的早餐很簡單，一般為稀飯、饅頭、醬豆腐、自家制的醬瓜、胡蘿蔔絲等小菜；午飯和晚飯一般是四菜一湯。據值班廚師回憶，鄧小平最喜歡的一道菜，就是老百姓居家過日子吃得最多、最常見的麻婆豆腐。他說，做這道菜的主料同普通人家吃的豆腐一樣，只是在火候的掌握上要有一定的功夫，還要在配料、配味上有一點講究。由於鄧小平是四川人,對辣比較偏愛,需要多放些辣椒。有時在閒暇的時候,鄧小平還親自下廚做上一盤麻辣的四川風味的豆腐菜。

最令人感動的是每天開飯時分,鄧小平一家一定要等齊才在一張大圓桌上吃飯。鄧小平一般不在外面吃飯,遇到重要會議,都要給家人打電話:"今天不回來啦,別等我!"這個大家庭吃飯時總洋溢著歡樂的氣氛。逢年過節或者慶賀生日,鄧小平家從來不辦酒席,只有來了親朋好友才加上幾個好菜。鄧小平家的開支都是根據他們自己的工資收入計畫的。

15. 陳毅愛食豆腐菜肴

陳毅認為豆腐是一種群眾菜,最普通,也最有營養,是我國人民對飲食的一大貢獻。

陳毅特別愛吃豆腐。1954年,他參加日內瓦會議,跟隨的廚師為了讓領導人吃上可口的飯菜,出發時,還專門帶上了小石磨和鹽鹵,會議期間,不斷變換花樣,如豆腐乳、豆腐花、嫩豆腐、老豆腐、徽豆腐等豆腐加工烹製的各種冷熱菜肴。陳毅吃後非常滿意。

陳毅不僅自己喜歡吃豆腐,還積極地向外賓介紹中國的豆腐菜,讓他們品嘗中國的特產。果然,各式豆腐菜肴受到東南亞各國外長和西歐一些國家外長的歡迎。會議期間,陳毅先後兩次宴請英國外交大臣麥克唐納,每次都上了豆腐菜,其中有"一品豆腐""蓮蓬豆腐"等。麥克唐納吃後,大加讚賞,稱讚豆腐鮮香可口、白嫩似雪。他還對陳毅說:"這些菜真是妙極了。葷素結合,色彩漂亮,味道鮮美。這是我有生以來吃過的最好的菜。我以前對豆腐不感興趣,但這兩個菜改變了我的印象。"

16. 瞿秋白與豆腐

瞿秋白是中國共產黨早期領導人之一。1899年1月29日生於江蘇常州,1922年在莫斯科加入中國共產黨。1927年主持召開中共"八七"緊急會議,結束了陳獨秀路線。1934 年在江西根據地任中華蘇維埃共和國中央政府執行委員、教育部長。1935 年 2 月於轉移途中，在福建長汀水口鄉被國民黨軍隊逮捕。

瞿秋白就義前，在長汀獄中寫了遺作《多餘的話》，前面寫了數千字的革命歷程，最後一句話竟然是："中國的豆腐也是很好吃的東西，世界第一。"

一個革命人士在就義前沒有留下"革命尚未成功，同志還需努力""共產主義理想萬歲"之類的豪言壯語，居然寫下對豆腐的留戀，令後人對此產生種種的推測。

第一，認為生命不是理念，而是具體的生活。瞿秋白出生在常州一個破產的"士人階級"家庭。由於家道中落，他從小過著貧困淒苦的生活，家中常以豆腐為菜。雖然 19 歲他便離開家鄉，但對家鄉的豆腐一直懷著深厚的感情。因此，瞿秋白在生命的最終一站想到的是家鄉的食物。

第二，認為瞿秋白對豆腐的讚語，與他在福建長汀獄中常吃長汀豆腐有關係。據說長汀豆腐採用酸漿（酸的豆腐水）為媒介製作，是長汀美食的精華，純粹用豆腐為原料就可做出八十多道菜肴。還有眾多與豆腐有關的名菜，如三角豆腐餃、東坡豆腐、瓢豆腐等，成就了長汀"無宴不豆腐"的美名，令人久食不厭。尤其是居"汀州八乾"之首的長汀豆腐乾，香、鹹、甜、韌，以製作精細、配料講究、風味獨特、味美可口而馳名中外。

第三，瞿秋白的"豆腐"，凝聚著他對生活美好的回憶，是他熱愛生活、眷戀生命的一種非常隱蔽的表露。瞿秋白是個文人，長期患病使他性格憂鬱，且身在獄中，平素所說所寫，不能不有所顧忌，某種心境更不便明表，使用深沉的曲意，借物喻志。"世界第一"，明顯表達了他作為一個中國人的自豪。瞿秋白的這句話，不妨讀成"我眷戀生命，但我更熱愛中華"。瞿秋白以豆腐作為他的絕筆，充分顯示了他作為革命家的胸懷，以及文人的風範。

17. 章太炎與臭腐乳

章太炎原名學乘，後易名炳麟，因仰慕明末清初思想家顧炎武（原名絳）、黃宗羲（字太沖）的學識和為人，故自名絳，別號太炎。浙江余杭人，是我國近代著名的民主主義革命家和名揚中外的國學大師。

　　章太炎博學多識，才華出眾，但生活上並不太講究。每日菜肴多為豆腐、腐乳、花生醬、鹹魚、鹹蛋等物。一次，他去杭州拜祭祖墳，也僅僅備四方豆腐，十六隻百葉結。據章太炎的弟子回憶，先生最喜歡吃的東西是帶有臭氣的鹵製品。他特別喜好臭腐乳，臭到全屋掩鼻，但是他的鼻子永遠聞不到臭氣，他所感覺到的只是黴變食物的鮮味。只要是他喜好的食物，如果沒有人勸止，可能會一次性全部吃完。

　　20 世紀 30 年代前後，章先生沒有什麼固定收入，經濟方面非常拮据，唯一的收入是靠賣字，但朋友來請寫字，向來不收錢。有一位畫家錢化佛，是章府上的常客。一天，他帶來一包紫黑色的臭鹹蛋。章先生一見非常高興，他深知錢化佛的來意，就問："你要寫什麼只管講。"錢化佛就拿出好多張鬥方白紙，每張要寫 "五族共和" 四個字，而且要他用 "章太炎" 三字落款。章太炎也不問他作何用，一揮而就。隔了幾天，錢化佛又帶來了一罐極臭的臭腐乳，章太炎同樣樂不可支，又對錢化佛說："有紙只管拿出來寫。"錢化佛仍然要他寫 "五族共和" 四個字。這回，章太炎一氣呵成地寫了四十多張。後來，錢化佛又帶來不少臭莧菜梗、臭花生、臭冬瓜等物，又換了好多張 "五族共和"。原來當時錢化佛的菜館新到一種 "五色旗" 酒，這是北京上層中人宴客常見的名酒。這酒倒出來是渾濁的，沉澱了幾分鐘，就變成紅黃藍白黑五色的。當時，此酒轟動得不得了，錢化佛腦筋一轉，想出做一種 "五族共和" 的屏條，漢字請章太炎寫，滿文、蒙古文、回文和藏文分別請別人寫，裱好後，就掛在菜館裡，以每條十元售出，竟然賣出近百條。錢化佛用一些低價臭食品，竟然掙了一大筆錢。

18. 梁實秋與豆腐乾風波

　　梁實秋是我國著名的作家、翻譯家。早年畢業於清華大學，後到美國科羅拉多州立大學求學，1926 年回國任教。

　　梁實秋出生在浙江余杭。他對家鄉的豆腐懷有深深的感情。他曾在《豆腐》這篇散文中寫道："豆腐是我們中國食品中的瑰寶。豆腐之法，是否始於淮南王劉安，沒有關係，反正我們已吃了這麼多年，至今仍然在吃。在海外留學的人，到唐人街雜碎館打牙祭少不了要吃一盤燒豆腐，方才有家鄉風味。有人在海外由於制豆腐而發了財，也有人研究豆腐而得到學位。"文章中，梁實秋細膩地介紹了涼拌豆腐、香椿拌豆腐、黃瓜拌豆腐、松花拌豆腐、雞刨豆腐、鍋塌豆腐、老豆腐、炸豆腐、蠔油豆腐、羅漢豆腐和凍豆腐等自己所喜歡的十幾種豆腐菜的吃法，讀來令人舌下生津。

1949 年，梁實秋去了臺灣，在臺灣師範大學任教授。有一年，他去美國西部的西雅圖探親，隨身帶了一包具有濃郁家鄉風味的豆腐乾。下飛機後，美國海關人員需對行李進行盤查。海關人員不認識豆腐乾，問他這是什麼東西。梁實秋回答說："這是豆腐脫去水分而成的豆腐乾。"海關人員不相信，質問說："這大概是肉做的吧？"那時，美國海關規定，凡是肉制食品，就要被沒收，不許入關。最後，機場請來了農業部專員做鑒定。梁實秋向這位專員介紹了豆腐乾的原料、營養價值和烹調方法。那位專員摸了摸，聞了聞，皺起眉頭想了想，確認是大豆食品後才同意放行。

梁實秋曾經說過："關於豆腐的事情，可編寫一部大書。"可惜他已在 1987 年去世，看來這部大書只好由後人來寫了。

19. 周作人對豆腐情有獨鍾

周作人，浙江紹興人，魯迅之弟，中國現代著名散文家、文學理論家、評論家、詩人、翻譯家、思想家，中國民俗學開拓人之一，新文化運動的傑出代表。

周作人一生對豆腐偏愛有加，他的著述中有關飲食的文字林林總總，大有可觀，但談得最多的，還是豆腐。

他曾在文章中說："中國人民所吃的小菜，一半是白菜蘿蔔，一半是豆腐製品……"又說："豆腐、油豆腐、豆腐乾、豆腐皮、千張豆腐渣，此外還有豆腐漿和豆麵包，做起菜來各具風味，並不單調，如用豆腐店的出品做成十碗菜，一定是比沙鍋居的全豬席要好得多的。"

在《喝茶》裡，周作人有這樣一段描寫豆腐乾的文字，而且把紹興的豆腐乾描寫得很到位："吾鄉昌安門外有一處地方名三腳橋（實在並無三腳，乃是三出，因以一橋而跨三汊的河上也），其地有豆腐店曰周德和者，制茶乾最有名。尋常的豆腐乾方約寸半，厚可三分，值錢二文，周德和的價值相同，小而且薄，才及一半，黝黑堅實，如紫檀片。我家距三腳橋有步行兩小時的路程，故殊不易得，但能吃到油炸者而已。每天有人挑擔設爐，沿街叫賣，其詞曰：辣醬辣，麻油炸，紅醬搨，辣醬拓，周德和格五番油炸豆腐乾。其制法如上所述，以竹絲插其末端，每枚三文。豆腐乾大小如周德和，而甚柔軟，大約系常品。唯經過這樣烹調，雖然不是茶食之一，卻也不失為一種好豆食——豆腐的確也是極好的佳妙的食品，可以有種種的變化，唯在西洋不會被領解，正如茶一般。"

在同篇文章裡，作者對江南的"乾絲"也有著濃厚的興趣，他說："江南茶館中有一種'乾絲'，用豆腐乾切成細絲，加薑絲醬油，重湯燉熟，上澆麻油，出以供客……在南京時常食此品，據云有某寺方丈所制為最，雖也曾嘗試，卻已忘記，所記得者乃只是下關的江天閣而已。學生們的習慣，平常'乾絲'既出，大抵不即食，等到麻油再加，開水重換之後，始行舉箸，最為合式……"

對家鄉紹興的臭豆腐、黴豆腐，周作人有著深厚的感情，他在《臭豆腐》一文裡回憶說："近日百物昂貴，手捏三四百元出門，買不到什麼小菜……這時候只有買臭豆腐最是上算了。這只要百元一塊，味道頗好，可以殺飯，卻不能多吃，大概半塊便可下一頓飯，這不是很經濟的麼。這一類的食品在我們的鄉下出產多，豆腐做的是黴豆腐，分紅黴豆腐臭黴豆腐兩種，有黴千張，黴莧菜梗，黴菜頭，這些乃是家裡自製的，外邊改稱醬豆腐臭豆腐，這也沒有什麼關係，但本地別有一種臭豆腐，用油炸了吃的……"在回憶幼年時代"簡單中有真味"的鄉間生活方式時，周作人還說："吾鄉窮苦，人民努力日吃三頓飯，唯以醃菜、臭豆腐、螺螄為菜，故不怕鹹與臭。"

在《草木蟲魚之四》一文中，他寫到家鄉的醃莧菜梗時，說："平民幾乎家家皆制，每食必備，與乾菜醃菜及螺螄黴豆腐千張等為日用的副食物，莧菜梗鹵中又可浸豆腐乾，鹵可蒸豆腐，味與'溜豆腐萬'相似，稍帶橘澀，別有一種山野之趣。"

第四編　豆腐文化

　　豆腐，走過漫長的時光，不僅成為平常百姓餐桌上的美味佳餚，更形成一種文化，一種帶有中華民族傳統特色的飲食文化，其內涵極為豐富。

一、豆腐習俗

1. 年節中的豆腐習俗（農曆）

蘇北地區：正月初一早上吃豆腐和魚，曰"鬥富，年年有魚"。

江蘇揚州：正月初一早上吃剩飯，叫吃"隔年糧"，寓意衣食有餘。菜以素為主，離不開青菜、芋頭、豆腐等，寓意人丁清吉、萬事遇頭、清白傳家。

浙江尤溪：正月初一淩晨，各家開大門，放鞭炮。有的人家早晨起來先喝生薑紅糖茶，稱先吃"甜頭"。早餐要吃素，不能吃葷。下飯的菜有薯仔、香菇、豆腐等。主食有米飯，最重要的有線面，象徵全家人長壽。

浙江海寧：正月十五以前忌食豆腐。因為豆腐色白，家中有喪事時多食之，俗稱"吃豆腐飯"。

福建舊俗：正月初一早上一般不煮新飯，吃"隔年飯"討個"年年有餘"的吉利。在順昌，早餐吃"隔年飯"配素菜，主要是紅蘿蔔(滿堂紅)、豆腐(滿足)、芥菜(長命)，此外還有粉乾(取鬚髮皆白、長壽之意)。在沙縣，早餐無論吃素吃葷，都應吃大蒜(萬事順意)、菠菜(紅頭見喜)、豆腐(滿足)。在漳浦，早餐大多吃以花生油炒的韭菜、菠菜、芹菜、豆腐。韭菜、菠菜不切，稱"長年菜"，寓齋戒與長壽之意。平和也有類似的習俗。

福建永定：進入年關之後，一般不幹重活，不食酸菜、黴豆腐，不食粥。主要是為了回避晦氣，不再"窮酸""倒楣"，期望來年有個好光景。

閩北順昌洋口：正月初一吃"金嵌玉印紅嘴綠鸚哥"。每年正月初一，閩北順昌洋口一帶農家的桌上都有一碗炸豆腐與煮帶紅頭的綠菠菜。這風俗是怎麼來的呢？

　　據說，乾隆帝第四次下江南，曾喬裝成商人來到洋口。他貪看青山綠水，忘了與護衛約定會面的地點和時間。走到山谷中，迷失在阡陌之間。時值中午，肚子饑裡咕嚕。農家都在煮中午飯，乾隆無奈，只好硬著頭皮找人求食，乾隆有口福，不但找到了，而且特別的好吃，他吃的就是"金嵌玉印紅嘴綠鸚哥"。

　　海南地區：正月初一淩晨，無論老少都得起床吃齋飯（即為清淨潔白以懷念祖先）。齋飯正如北方人過年必吃魚（年年有餘）一樣，吃的東西還需有吉祥寓意，其中必有清炒茄子（茄子，海南話寓意一年比一年好）、清炒水芹菜（"芹"與"勤"諧音，祈望全家在新的一年勤勤勞勞）、長粉絲（寓意過日子細水長流）、黃黃的像金元寶狀的豆腐乾（寓意招財進寶）。

　　廣西壯族：春節第一餐要吃白斬雞、釀豆腐、油堆等。

　　江西貴溪：正月初一，全天葷菜不上桌，食青菜、豆腐、油豆腐、粉絲等素菜。

　　閩、台正月初九拜天公：當地民間認為農曆正月初九是玉皇大帝的生日，即所謂的"玉帝誕"，閩南與臺灣俗稱"天公生"。是日，道觀要舉行盛大的祝壽儀式，誦經禮拜。家家戶戶於此日都要望空叩拜，舉行最隆重的祭拜儀式。拜天公的祭典，自初九的淩晨開始，一直到天亮為止。在這一天前夕，全家人必須齋戒沐浴，以莊嚴敬畏的心情舉行祭拜。家家戶戶都要在正廳前面，放置八仙桌，搭起祭壇，供桌上備神燈、五果（柑、橘、蘋果、香蕉、甘蔗）、六齋（金針、木耳、香菇、菜心、豌豆、豆腐）另設清茶三杯等。到了時辰，全家整肅衣冠，按尊卑依次上香，行三拜九叩之禮，然後燒天公金。

　　廣東佛岡下村：正月十三，村民們都會以互相投擲豆腐的形式，掀開元宵節歡樂的序幕。

　　香港地區：春節期間吃飯多火鍋（寓意紅紅火火）、魚（年年有餘）、龍蝦（事業興旺），還有元寶鴨、獅子頭等，但忌諱豆腐。

　　壯族的團結圓："過年不吃團結圓，喝酒嚼肉也不甜。"這是流傳於廣西壯族自治區東蘭、巴馬、鳳山三縣一帶的壯族農民中的順口溜。有人把它進一步發揮，說成"不吃團結圓，枉費過個年"。團結圓實際上就是豆腐圓。

山東榮成：《荊楚歲時記》注晉人董勳《問禮俗》說："正月一日為雞，二日為狗，三日為羊，四日為豬，五日為牛，六日為馬，七日為人。"所以正月初二俗稱"狗日"，也就是狗的生日。山東榮成人初二早飯吃麵條，謂之"錢串"，寓意在新的一年裡，財源滾滾而來。吃早飯時，把豆腐、發糕、地瓜、饅頭、米飯、餃子用木盤端著，送到狗的面前。一是因為初二是狗的生日，犒勞它一年來看家護院辛苦有功；二是通過請狗來預測年景。木盤送到狗的面前後，任其選食，先吃哪樣，就預示著哪樣莊稼豐收。

豆腐釀裡運數齊：廣東省肇慶市懷集縣孔洞村流傳著一首民謠，概括地反映了孔洞村民間的春節習俗："初一齋，初二雞，初三芋頭，初四豆腐釀裡運數齊。""初一齋"是說正月初一那天，人們不吃肉類，只吃冬菇、木耳、蓮藕、白菜、粉絲等齋菜。到了初二就破戒了，家家戶戶殺雞吃肉，讓乾澀的嘴巴揩滿了油。到了正月初三，就煮芋頭吃，取"庇護、福蔭"的好意頭。這"初一齋，初二雞，初三芋頭"的說法，各地很普遍，唯有"初四豆腐釀裡運數齊"大概是孔洞村的"專利"了。"運數齊"是"葷素齊"的諧音。"豆腐釀裡運數齊"的製作方法很簡單：將配好調料的魚、豬肉漿鑲進白豆腐心裡，烹調隨各自愛好，煎、蒸均可。每逢這天，各家各戶都忙著磨豆腐，製作豆腐釀。

山東濰坊、淄川：正月初七俗稱"人日"，也就是人的生日，山東民間習稱"人七日"。濰坊等地此日吃各種野菜做的小豆腐；淄川等地傳說這一天是老鼠的迎親日，因此在這一天也有吃小豆腐的習俗，吃時，一邊用筷子或細楮棒搗牆旮旯，同時念"楮棒搗牆旮旯，十個老鼠九個瞎，腦子成豆腐渣"。據說吃小豆腐象徵吃老鼠腦，這一習俗反映了人們要求清除鼠害的強烈願望。

河北：二月初一，俗傳為太陽生日。是日，各家婦女向太陽焚香化紙並羅列糖、餅及豆腐等供品，其豆腐上粘貼紙剪小雞，意謂日中金雞好食豆腐。供完食之，相傳能治癒牙疼。

山西大同：二月二日早上喝豆腐腦。"二月二，龍抬頭"，山西大同地區有"引錢龍"的習俗。村裡人引錢龍，一般是擔水引錢龍。據有關文獻記載：早刻，戶家按是年治水龍數，投錢於茶壺，汲水井中，隨走隨傾，至家則以餘水合錢盡傾於貯水甕中，名為"引錢龍"。是日，早餐吃豆腐腦或麵條，中午吃"河漏"，意思是給錢龍壘窩。這天，男人還要理髮，取意為龍抬頭。

山東嶗山地區：二月二日吃高粱煎餅、小豆腐、炒豆。

河北、天津一帶：正月初七，街市有賣小豆腐者。蓋以黃豆用水碾細，和以乾菜，煮熟賣之，並灑椒鹽等末，味極適口，故食者甚眾，無足異也。獨是購買之人，每云初七與十七、二十七等日，必須食此，方免一年頭痛。

廣東蕉嶺：二月十九日為觀音生日，這一天，廣東省梅川市蕉嶺縣新鋪鎮上南村的大部分婦女用豆腐、齋果、年糕、甜米飯作為供品，敬奉觀音菩薩。

山東膠東半島有寒食節禁火的習俗，仍然沿襲清明吃炒麵條和菠菜豆腐做的"青龍白虎湯"這一風俗。

安徽歙縣、黃山、旌德一帶：清明前後都要採摘嫩艾葉拌肉、筍、豆腐、菠菜等為餡，做粘粉艾葉餃。俗稱："吃了清明餃，種子田裡地裡插；吃了艾葉餃，一年四季百病消。"

江蘇射陽一帶：每年清明祭祀祖先的時候，供桌上都要擺上一盤油煮豆腐。

廣東番禺：清明早餐時祀祖先，用煎堆、松糕、糖豆及煮熟的蕎菜、豆腐乾作為祭品，如往拜山，則用煎堆、松糕、蔗、燒肉、熟雞等做祭品。

廣東東莞：清明日，家家的人們，必備些雞、燒豬肉、油豆腐、卷蒸、白蔗、白飯三盅和紙錢、利市錢、香燭、元寶、冥鏹等物到祖先墓地致祭。祭畢回到家，仍用上述物品祀神及祖先。

福建福州：每年清明前後，家家戶戶都要去掃墓，掃墓的供品主要有豆腐、麵點等等。

福建廈門：三月初三敬祖節吃薄餅，也叫"潤餅"或"春捲"。餡通常用豆腐乾、豬肉、豆芽菜、筍片、紅蘿蔔、白蘿蔔、韭菜、蒜白等合起來炒煮而成。

江蘇無錫：立夏有吃黴豆腐的習俗，據說吃了黴豆腐就不會倒楣。

江蘇丹陽：立夏有釀豆腐的習俗。

蘇北地區：在六月初六這一天，要吃新鮮豆腐、新鮮肉。

上海松江：七月十四日，松江有喝豆漿的風俗。相傳這一風俗習慣，是為了紀念明末的松江抗清義軍領袖李待問。

湖北武漢：傳說，從七月一日至十五日為鬼的假日，這時，地藏王將鬼門打開，各路亡魂野鬼紛紛返回人間，於是，人間各戶紛紛為各自的祖先焚香、燒紙、送冥錢，謂之"燒包袱"。其次是放焰口、盂蘭盆會和放河燈。中元節這一天，各家多以麻雀坨（豆油皮裡放芝麻白糖，包好後下鍋油炸）、雲片糕（麵粉調漿塗於糕外，油炸）、豆餅（黃豆粉為原料，製成紐扣大小的圓片）為食，此外，還有炸豆腐圓子及炸枯魚、夾乾等等。

廣東佛山：七月十五又稱七月半、鬼節，中元節，為我國民間追先悼遠、普度沉淪的節日，豆腐是不可缺少的供品之一。

廣西天峨：八月十五中秋節時，家家備辦豆腐、糕點、月餅，殺雞宰鴨，熱鬧一番。

山西永濟虞鄉：冬至是冬天到來的意思，這一天，在古代，皇帝要祭天，百姓要祭祖。山西虞鄉則有冬至獻豆腐的習俗。據《虞鄉縣新志》載：各村的塾學在冬至拜祭先師孔子。這一天，學生們都準備好豆腐來拜獻，拜獻結束後在一起宴飲，俗稱"豆腐節"。

江蘇常州：冬至前夜吃胡蔥篤。篤，常州方言，意思是煮豆腐。當地流傳有"若要富，冬至隔夜吃碗胡蔥篤豆腐""若要富，冬至隔夜吃塊熱豆腐"的諺語。

廣西陽朔地區：冬至這天有"冬至大過年"之說，家家戶戶早吃湯圓，晚吃油豆腐肉圓及雞、鴨、魚、肉，大肆慶賀。

安徽黟縣、休寧：十二月初八前後，家家戶戶都要曬制豆腐，民間將這種自然曬制的豆腐稱作"臘八豆腐"。

山東嶗山："臘八"過後，家家掃灰，粉飾牆壁，做新衣，買新帽，做饅頭、蒸豆包(諧"都飽"音)、做豆腐(諧"都福"音)、蒸年糕(取意"年年高")、蒸米麵發糕(取意"發"家)、割肉買魚(象徵"年年有餘")。

2. 婚嫁中的豆腐習俗

河北有的地區傳統婚嫁迎親時要用豆腐：去迎娶新人的轎不能空著，要安排一個小男孩"押轎"，押轎童子需頭戴一朵紅絨花，手裡拎一把壺，壺裡放小半壺水，水裡放一塊豆腐。取"絨花"與"豆腐"的諧音，名為"榮華富貴"。

河北滄州，新娘出嫁的前一天，女家要包四十個素餡餃子：其中專門包幾個有豆腐、麩子等特殊餡子的，豆腐餡的稱為"富貴白頭"，麩子餡的叫作"多子多福"。餃子包好後，擺在一個託盤上，再擀四根寬麵條搭在上邊，叫"餃子面"。第二天男家迎娶時，女家派兩個人抬著含有"富貴白頭""多子多福"的"餃子面"開路，然後花轎才出發。

安徽黃山，結婚時不能少了豆腐。當抬新娘的花轎進了男家大門，男家先在轎前放一個銅盆，盆裡放水，水裡放一塊豆腐，豆腐上插支點燃的紅燭。兩個"全福人"分別站在轎子兩邊，拿一束火把在蠟燭上點著，一人一句接替念著吉利話，一邊傳遞著火把。最後將火把插入盆裡熄滅，為"傳轎"，有"傳宗接代、子孫繁茂"的寓意。豆腐在這裡也是諧其音，取"幸福"之意。

江蘇沿江兩岸有新人新婚第三天下廚煎豆腐的習俗，名為"要得富，煎豆腐"。

福建福州地區在新娘入門之後，有個"下灶前"風俗。在新婚的第二日，也有在三五日後，新娘要下廚房做飯做菜，叫"試鼎"。所謂"試鼎"，就是對新娘的煮飯、炒菜、煎湯、燉魚等烹調技藝來個"考試"。試鼎一般要試煮豆腐，佐以牡蠣、蒜。豆腐湯煮沸後，要調入稀淡的紅薯粉，這一步非常關鍵。入粉太多，會把豆腐湯凝成塊狀；入粉太少，豆腐湯不能形成羹狀。新娘應沉著試鼎，免得慌張，造成鹹酸苦辣甜五味失調。豆腐，諧音"都有"，好兆頭；牡蠣，俗稱"蠣仔"，諧音"弟仔"（小孩）；蒜，俗稱"蒜仔"，諧音"孫仔"（孫子），這是喜家的追求和期望。

福建大田：新郎新娘進洞房後，牽新娘老嫗要先端灶心土泡水給新娘喝，再端瘦肉煮豆腐給新娘吃，意為"水土會合"。

浙江頰口、洲頭、順溪、馬嘯等地愛在臘月製作豆腐，故亦名"昌西豆腐乾""臘豆腐乾"。逢年過節，家家戶戶都要烘幾鍋，親友來訪，也以自家烘制的豆腐乾饋贈。在傳統的婚嫁或壽慶習俗中，豆腐乾更是不可少的禮物。昔日，有親戚要嫁女，就必須送上一桌（36塊）豆腐乾，才見情誼。

苗族姑娘婚期臨近，全村同姓的姑娘們要一齊為出嫁的姑娘餞行聚餐，俗稱吃"朋友飯"或"同伴飯",辦法是姑娘們每人湊出米、黃豆,做糯米飯、豆腐,並湊錢買肉和鹽、酒,烹調後共同聚餐。苗族的姑娘出嫁時,父母須請幫忙者把兩隻雞、一塊肥肉、一塊豆腐用火燒熟,用樹葉盛著,每人分一份,作為娶親和送親人、新郎、新娘途中的午餐,用手捧著吃。走到男方家門前,送親的親兄弟和表兄弟打傘罩著新娘走至家中,男方家也要派兩個迎親姑娘打著傘於門內等候,待新娘一到門檻,罩著新娘送入房內。

豆腐圓是毛南族特有的佳品。主要的做法是:將豬肉、蝦米、花生等剁碎做餡,外面包以搗碎的水豆腐,用油煎炸即可。豆腐圓焦脆香嫩,是毛南族人最愛吃的菜食。因此毛南族人有結婚時男方給女方送豆腐圓的習俗。

3. 喪葬中的豆腐習俗

廣東潮州:收殮入棺前先舉行"喂生"禮。死者兒媳要依次用筷子夾一小塊豆腐、幾粒米飯喂到死者口裡,意思是報答死者生前的養育之恩。

廣東雷州:出殯後,孝眷回到家,從大門口水盆裡撈出製錢、銅錢,在起靈處吃豆腐,以示全家福。

山東章丘:出殯後,孝眷回到家,在起靈處吃豆腐,以示全家福。

浙江、上海一帶辦喪事有"吃豆腐飯"的習俗。當葬禮結束後,喪家舉辦酒席,酬謝前來助喪的親友,這種酒席一般為素席,並以豆製品為主,俗稱"吃豆腐飯",雅稱為"豆宴"。

4. 其他豆腐習俗

吉林延邊:犯人出獄都要在監獄門口吃三口豆腐,表示出來之後清白做人。

河北蔚縣:坐月子期間,產婦的主要飲食是:未起草鋪前,只喝紅糖水;起草鋪後,每天喝一頓炒米水飯,即將小米上鍋炒熟,然後用砂鍋熬成稀飯,裡面放一點紅糖和食油,沒有菜;五天以上開始吃兩頓炒米水飯,菜是鍋做的老醃菜絲燴豆腐。老醃菜絲必須事先用開水煮，再用清水泡，然後才可以用砂鍋燴著吃。按照風俗習慣，只有吃老醃菜燴豆腐才有利於產婦身體健康。

浙江寧波北侖:年末用豆腐米食等置於米篩上祭床公床婆，祈求兒童歲歲平安。

浙江嘉興：養蠶忌禁頗多，在語言上，忌諱說"腐"，所以把豆腐叫作"大素菜"。

廣東東莞:嬰兒出世後，必用萬壽果、鴨蛋、粉絲、油炸豆腐等製作羹湯，先用來祀神及祖先，然後分給鄰居及族人吃掉，當地稱此舉為"煮落地"。

廣東潮州:孩子入學，早餐吃豆腐乾和綱魚仔。

廣東雷州:喬遷之日，親友攜帶豆芽、豆腐、白菜、發麵、粘糕等前來祝賀為"溫鍋"。豆芽表示"生長"，豆腐表示"有福"，白菜表示"發財"，發麵表示"發家"，粘糕表示"步步登高"。主人設宴款待。

廣西龍勝苗家：忌吃"豆腐酒"，即忌諱在家裡和在親屬與異性的面前講粗話，誰違反了規矩，就會受到眾人的不屑和疏遠。那無地自容的"豆腐酒"的滋味，真是又苦又澀。

二、關於豆腐的詩詞

　　自古以來，詠歎豆腐的詩歌宛如一道風景優美的長廊，多少文人墨客，借豆腐的特別質地來表達自己的美好節操和高雅品格，達到了物我合一的藝術境界。

漢樂府歌辭·淮南王篇

淮南王，自言尊，百尺高樓與天連，
後園鑿井銀作床，金瓶銀綆汲寒漿①。

　　注：①寒漿，即豆漿。

舟次下蔡雜感

宋·白甫

正值太平時，村老攜童歡。
山下農家舍，豆腐是佐餐。

　　詩中所言下蔡即今之鳳台。不難想像，在當時老百姓每日的餐桌上，豆腐已是不可或缺的美味佳餚了。

蜜酒歌①·又一首答二猶子與王郎見和

宋·蘇軾

脯青苔，炙青莆，爛蒸鵝鴨乃瓠壺。
煮豆作乳脂為酥②，高燒油燭斟蜜酒。

注：①《蜜酒歌》詞篇名，蘇軾作為歌行體，"西蜀道士楊世昌，善作蜜酒，絕醇釅。余既得其方，作此歌以遺之。" 此為蘇東坡《蜜酒歌》第二首開頭五句。《蜜酒歌》是詠貧家巧作諸種食品，詩中提到豆腐的製作。

宋代陸遊《老學庵筆記》卷七："嘉興人喜留客食，然不過蔬豆……書笈行開豆腐羹店……族伯父彥遠曰：東坡為作安州老人……所言皆蜜也。豆腐，麵筋、牛乳之類，皆漬蜜食，客多不能不箸，惟東坡性亦酷嗜蜜，能與之共飽。"

②酥：豆腐。蘇軾極喜食豆腐，他在湖北黃州為官時，經常親自做豆腐，並精心烹製，用味醇色美的豆腐菜招待親朋好友。友人食了讚不絕口，親切地稱之為"東坡豆腐"，一直流傳至今。

鄰曲①

宋·陸遊

濁酒聚鄰曲，偶來非宿期。
拭盤堆連展，洗釜煮黎祁。
烏犍將新犢，青桑長嫩枝。
豐年多樂事，相勸且伸眉。

注：①鄰曲：見陸游《劍南詩稿》，詩中展現的是一派農家樂景象。豆腐作為美味佳餚招待親朋好友，更增添了豐年的樂事。
②黎祁：豆腐。

次劉秀野蔬食十三詩韻·豆腐

宋·朱熹

種豆豆苗稀①，力竭心已腐。
早知淮王術，安坐獲泉布②。

注：①此句化用陶淵明《歸園田居》"種豆南山下，草盛豆苗稀"二句。
②泉布：即金錢。

詩的頭兩句形象地說農家種豆的辛苦，後兩句反襯豆腐的經濟價值。可見南宋時市井就有以賣豆腐"獲泉布"的專門作坊了。

詠豆腐
元·悄大雅

戎菽來南山，清漪浣浮埃。
轉身一旋磨，流膏即入盆。
大釜氣浮浮，小眼湯洄洄。
霍霍磨昆吾，白玉大片裁。
烹煎適我口，不畏老齒摧。

本詩生動流暢地敘述了古代製作豆腐的情景和過程。

豆腐詩
元·張劭

瀘珠磨雪濕霏霏，煉作瓊漿起素衣①。
出匣甯愁方璧碎，憂羹常見白雲飛。
蔬盤慣雜同羊酪，象箸難挑比髓肥。
卻笑北平思食乳②，霜刀不切粉酥歸。

注：①素衣：指白布。
②北平：指西漢文帝時丞相北平侯張蒼。張蒼年邁無齒，特地養了許多奶媽，給他擠奶喝。

把豆腐比作"方璧""羊酪"，形象地寫出了豆腐的優美質地和製作豆腐的全過程。豆腐在西漢時已是老幼皆宜、貧富不拘的美食，並已在民間廣為食用。

賦豆腐
宋·朱晞顏

秋風入荒落，疏籬構霜蔓。枯萁委蟬蛻，老莢剝羊眼。離離珠走盤，圓淨真可貫。誰將蟻旋手，倒注入空竅。殷殷雷轉岩，噴噴魚吐洟。居然盆盎中，零亂舞鵝觀。偉哉就鼎功，囊封有奇粲。餘習尚儒酸，點染形質幻。俄驚趙璧全，卻訝白石爛。全勝塞上酥，輕比東坡糝。固知滋味長，尤喜齒牙暖。那資糠秕餘，雜糅出膚淺。終慚蒙葛纖，生被脂粉涴。餐玉定有方，咄嗟良可辦。

豆腐

元·鄭允端

種豆南山下，霜風老莢鮮[①]。
磨礱[②]流玉乳，蒸煮結清泉。
色比土酥[③]淨，香逾石髓堅。
味之有餘美，五食[⑤]勿與傳。

注：①莢鮮：指未成熟的豆角。
②磨礱：指磨碎豆穀的器具石磨。
③土酥：蘿蔔的古稱。
④石髓：又名玉髓，礦物名，半透明有光澤。李時珍說："即鐘乳(石)也。"
⑤五食：五鼎食。《史記·平津侯主父列傳》："且丈夫生不五鼎食，死即五鼎烹耳。"

詠豆腐詩

明·蘇平

傳得淮南術最佳，皮膚退盡見精華。
旋轉磨上流瓊液，煮月鐺中滾雪花。
瓦罐浸來蟾[①]有影，金刀剖破玉無瑕。
個中滋味誰得知，多在僧家與道家。

注：①蟾：即月亮。

詠菽乳

明·孫作

淮南信士佳，思仙築高臺。人老變童彥，鴻寶枕中開。

異方營齊味，數度見奇瑰。作羹傳世人，令我憶蓬萊。
　　茹葷厭蔥韭，此物乃成才。戌菽來南山，清漪浣浮埃。
　　轉身一旋磨，流膏入盆徊。大釜氣浮浮，小眼湯洄洄。
　　傾待晴浪翻，坐見雪華皚。青鹽化液鹵，隆蠟竄煙煤。
　　霍霍磨昆吾①，白玉大片裁。烹煎適吾口，不畏老齒摧。
　　蒸豚②亦何為，人乳聖所哀。萬錢③同一飽，斯言匪俳詼。

注：①昆吾：古代名刀。《海內十洲記》中"周穆王時，西胡獻昆吾割玉刀"，據說此刀長一尺，切玉如切泥，鋒利無比。
②蒸豚：是說晉朝富豪王濟，以人乳蒸豬肉，引起晉武帝司馬炎的不滿。
③萬錢：指西晉何曾"日食萬錢，猶日無下箸處"的典故。詩人在詩中高度讚美豆腐的色、香、味、形等特點，並借豆腐來抒發自己的感慨。

豆腐詩二首①

清·高士奇

一

　　藿食②終年竟自飫，朝來淨飴況清嚴。
　　稀中未藉先礱玉③，雪乳④初融更點鹽。
　　味異雞豚偏不俗，氣含蔬筍亦何嫌。
　　素餐⑤似我真堪笑，此物惟應久屬厭。

二

　　采菽中原未厭貧⑥，好將要求補齊民⑦。
　　雅宜蔬水稱同調，叵與羔豚廁下陳⑧。
　　軟骨爾偏諧世味，清虛我欲謝時珍⑨。
　　不愁飽食令人重，何肉終漸累此身。

注：①見《天祿識餘》。
②藿食：指食物粗賤。
③稀中未藉：意謂未盛在布上；礱玉：磨豆。

④雪乳：豆漿。
⑤素餐：無功食祿。
⑥菽：豆；中原：田野之中。
⑦齊民：指《齊民要術》一書。
⑧廁：混雜；下陳：堆放禮品的地方。
⑨時珍：人們特別看重的物品。

豆腐詩

清·李調元

諸儒底事口懸河，總為誇張豆①蠟磨。
馮異芫荽嗤卒辦，石崇齏韭笑調和。
桐②來鹽鹵醍醐膩，濾出絲羅濁液多。
寶貴何時須作樂，南出試問落箕麼。

注：①豆：碾碎了的豆子。
②桐：用力拌動。

豆腐製品四詠之一

清·胡濟蒼

信知磨礪出精神，宵旰①勤勞泄我真。
最是清廉方正客，一生知己屬貧人。

注：①宵旰：宵衣旰食(旰即晚)，勤勞操作。

詠麻婆豆腐①

清·馮家吉

麻婆陳氏尚傳名，豆腐烘來味最精。
萬福橋②邊簾影動，合沽春酒醉先生。

注：①見《錦城竹枝詞》。
②萬福橋：在四川成都。

桐城好①

清·姚興

泉桐城好，豆腐十分嬌。

打盞醬油薑汁拌，秤斤蝦米火鍋熬，人各兩三瓢。

注：①見姚興泉《龍眠雜憶》。
安徽桐城是文化名城，明清兩代，達官貴人從外地帶回名菜烹調之術，以嫩豆腐佐以蝦米，以薑醬調拌，便成一道著名美食。客游在外的姚興泉(人稱"落花先生")無法忘懷，思念之餘故作此詞。

豆腐①

清·毛俟園

珍味群推郇令庖②，黎祁尤似易牙③調。

誰知解組陶元亮④，為此曾經一折腰⑤。

注：①見徐珂《清稗類鈔》。
②郇令庖：指的是郇公之廚，唐代韋陟封郇國公，廚中食物精美。
③易牙：春秋時代齊桓公臣子，以善調百味而著名。
④陶元亮：陶淵明。解組：辭官。
⑤郇公廚中的美食，易牙調製的百味美品，都不及豆腐美，就連不願為五斗米而折腰的大詩人陶淵明也願在南山下種豆，為的是製作豆腐吃。

豆腐詩①

清·楊燮

北人館異南人館，黃酒坊殊老酒坊。

仿紹不真真紹有②，芙蓉豆腐是名湯。

注：①見《錦城竹枝詞》。
②紹：指紹興酒。

豆腐詩

清·查慎行

茅店門前映綠楊，一標多插酒旗旁。
行廚亦可咄嗟辦，下箸唯聞鹽豉①香。
華尾金盤真俗物，臘槽紅麴有新方。
須知澹泊生涯在，水乳②交融味最長。

注：①鹽豉：醬豆。
②水乳：豆腐。

查慎行這首詩寫得很精彩，特別是最後兩句，借豆腐的特別質地來表達詩人美好的節操和高雅的品格，達到了物我合一的藝術境界。

臭豆腐詩

清·王致和

明言臭豆腐，名實正相當。自古不釣譽，於今無偽裝。
撲鼻生奇臭，入口發異香。素醇饒無味，黑臭蘊芬紡。
珍饈富人趣，野味窮者光。既能飲饕餮，更能佐酒漿。
餐饈若有你，宴飲亦無雙。省錢得實惠，賞心樂未央。

詠豆腐①

清·林蘇門

莫將菽乳②等閒③嘗，一片冰心④六月涼。
不曰堅乎惟曰白⑤，勝他什錦佐羹湯⑥。

注：①此詩見林蘇門所著《邗江三百吟》，記錄了揚州數十種菜肴和食風食俗。
②菽乳：明末清初人孫作惜豆腐名不雅，改其名為菽乳。
③等閒：輕易、隨便。
④冰心：像冰一樣晶瑩明亮的心。比喻心地純潔、表裡如一。
⑤不曰堅乎惟曰白：戰國公孫龍有"堅白石"的著名命題，

"堅"與"白"為石的兩種屬性，這裡說不談豆腐的堅，只談豆腐的白。

⑥什錦佐羹湯：多種原料製成的湯。

詩裡說不要把豆腐隨便品嘗，炎炎夏日，胃火鬱鬱，此時吃些豆腐，猶如冰心一片，能帶給人以無限的清涼。雖然豆腐質地嫩軟，但是我只談它的白，色白令人鎮靜，豆腐勝過多種珍貴原料製成的什錦湯。

詠豆腐

清·阮元

龍泉①三勺作瓊漿②，煙火禪參幾灶香；
九闕殄雲成佛道，一方如玉好文章；
燃萁僧③說相煎急，啖④豆生涯意味長；
養性貪饞仍有悟，待人如是世留芳。

注：①龍泉：噴泉。
②瓊漿：喻豆漿。
③疑有誤，待考。
④啖：吃。

詩人以佛家語言作喻，敘述豆腐的製作過程，並歌頌豆腐淡泊寡欲的高尚品質。

"龍泉三勺作瓊漿"寫磨漿，"煙火禪參幾灶香"寫煮漿，"九闕殄雲成佛道，一方如玉好文章"寫點漿、壓制成豆腐。"燃萁僧說相煎急，啖豆生涯意味長"引用曹植"七步詩"與嵇康《養生論》兩個與豆有關的典故。最後兩句"養性貪饞仍有悟，待人如是世留芳"，告誡那些孜孜追求名利的人們要醒悟了，只有淡泊明志、寧靜致遠，才能流芳百世。

新年次東坡韻①（五首之三）

清·周景濤

茲鄉濱海盡②，眼界若為清③。

禾黍高登廩④，雞豚富⑤入城。

欲消⑥無事日，祇益可憐生⑦。

牡蠣梅花市⑧，吾思豆腐羹。

注：①次韻：舊時古體詩詞寫作的一種方式。按照原詩的韻和用韻的次序來和詩；東坡：宋代大文學家蘇軾，自號東坡居士，以"東坡"為其別稱；新年次東坡韻：按照蘇軾原詩的韻和用韻的次序來和詩。

②茲鄉：這個地方；濱海：靠近海邊；盡：盡頭。

③眼界：目力所及的範圍；清：潔淨、清新。

④禾黍：禾與黍。泛指黍稷稻麥等糧食作物；登：穀物成熟；廩：米倉。

⑤富：充裕，充足。

⑥消：把時間度過去、消閒。

⑦祇益：只增加；可憐：可惜。

⑧梅花市：如皋花木盆景的栽培始於宋代，興於明清。數百年來的技藝傳承，形成了風格獨具的"如派"盆景，在中國盆景七大流派中獨樹一幟。市：街市。

此詩當為詩人任如皋知縣時所作。一、二句寫如皋地處海邊，海闊天空、環境清新；三、四句寫如皋的富足，糧食堆滿了倉庫，城裡出售著充裕的家禽、家畜；五、六句描寫自己的心情，雖然百姓富足，太平無事，但是也流露出對時光的空度感到可惜；後兩句抒發自己的感受：儘管集市上擺列著眾多的鮮美海味，我只喜歡吃豆腐羹過自己的平淡的生活。

丙寅①天津竹枝詞②

近代·馮問田

豆腐方方似截肪③，香乾名數孟家揚④；

汁能滋養勝牛乳，無怪街頭多賣漿⑤。

注釋：①丙寅：1926年。

②竹枝詞：樂府近代曲名，又名"竹枝"。原為四川東部一帶民歌，唐代詩人劉禹錫根據民歌創作新詞，多寫男女愛情和三峽的風情，流傳甚廣。後代詩人多以"竹枝詞"為題寫愛情和鄉土風俗，其形式為七言絕句。

③截肪：切開的脂肪，喻豆腐顏色和質地白潤。

④孟家香乾：天津"孟家醬園"生產的五香茶乾，俗稱"孟字香乾"，又黑又亮，口感細膩，又有咬勁，沒有雜質，而且香味純正，炒、拌均宜，號稱"天下第一"。

⑤漿：豆漿。

第一句描寫了豆腐，打成方形的豆腐白潤得像一塊塊被切開的脂肪，第二句謳歌了天津"孟家醬園"生產的孟字香乾盛名遠揚；後兩句讚頌豆漿營養價值高，勝過牛奶，正因為如此，所以街頭有很多賣豆漿的飲食攤。詩人以平實無華的語言反映了天津人喜愛食用豆類製品的風土人情。

豆腐

當代·汪曾祺

淮南治丹砂，偶然成豆腐。

馨香異蘭麝，色白如牛乳。

邇來二千年，流傳遍州府。

南北滋味別，老嫩隨點鹵。

肥鮮宜魚肉，亦可和菜煮。

陳婆重麻辣，蜂窩沸砂鹽。

食之好顏色，長幼融臟腑。

遂令千萬民，豐年腹可鼓。

多謝種豆人，汗滴其下土。

這首豆腐詩堪與古來的任何一首豆腐詩比美，十八句五言，就把豆腐的源流、豆腐的特質、豆腐的功用，凝練而生動地描寫出來了，尤其是結尾兩句，更表達了詩人對勞動的尊重，對勞動人民的尊重。

三、豆腐俚語、俗語

豆腐多了一包水，空話多了無人信。
豆腐裡挑不出骨頭來。
買豆腐掏出了肉價錢。
冷水裡做不出熱豆腐來。
性急吃不了熱豆腐。
刀子嘴，豆腐心。
一物降一物，石膏點豆腐。
豆腐無油難脫鍋，燈盞無油枉費心。
豆腐莫燒老了，大話莫說早了。
豆腐心腸，越煎越硬；鐵打心腸，見火就烊。
想吃熱豆腐，又怕燙了嘴。
人家誇，一朵花；自己誇，豆腐渣。
沒吃三兩煎豆腐，稱什麼老齋公。
閻王是鬼變的，豆腐是水變的。
肉生火，魚生寒，青菜豆腐保平安。
魚生火，肉多痰，青菜豆腐要常餐。
要想人長壽，多吃豆腐少吃肉。
多吃素，少吃葷，豆腐芋頭能養身。
常吃豆腐身體好，養身袪病是個寶。
青菜豆腐最營養，山珍海味壞肚腸。
吃肉不如吃豆腐，又省錢來又滋補。

有福沒有福，黍粥小豆腐。
三餐吃豆腐，長得像白大姑。
辣椒當鹽，"合渣"過年。
冬麻糊，熱豆花。
若想富，冬至吃塊熱豆腐。
貴人吃魚肉，窮人吃豆腐。
世上三樣苦，打鐵、撐船、磨豆腐。
世上三行苦，蒸酒、熬糖、打豆腐。
世上三大苦，上山砍柴、下水逮魚、磨坊磨豆腐。
若要富，蒸酒磨豆腐；若要窮，掂鳥籠。
豆腐本是窮人的肉，一年到頭吃不夠。
豆腐不殺饞，要吃熱和鹹。
豆腐經過廚子手，又鮮又嫩吃不夠。
千滾豆腐萬滾魚。
蒸鯰煮鯽炸麻鯰，不及泥鰍拱豆腐。
好看莫過素打扮，好吃莫過豆花飯。
溫江的醬油，保寧的醋，郫縣的豆瓣醬，忠縣的豆腐乳。
樅陽的豆腐，桐城的鮓，忠縣的腐乳，巴河的藕。
黃州豆腐巴河藕，樊口鯿魚鄂城酒。
陳酒臘鴨添，新酒豆腐乾。
不吃劍門豆腐，枉游天下雄關。

四、豆腐謎語

1. 土裡生，水裡撈，石頭中間走一遭。變得雪白沒骨頭，人人愛吃營養高。
2. 白又方，嫩又香。能做菜，能煮湯。豆子是它爹和娘，它和爹娘不一樣。
3. 四四方方一塊田，零零碎碎賣銅錢。
4. 一塊四方白玉板，立不得，坐不得。
5. 南方過來白大姐，放在案上拿刀切，又沒骨頭又沒血。
6. 泥裡生出來，磨裡轉出來，蓋過四方印，挑到街上賣。
7. 土裡長出來，磨裡鑽出來，布裡面脫胎，挑到街上賣。
8. 土裡下種，水裡開花，袋裡團圓，案上分家。
9. 清水裡得病，石頭上送命，鍋子裡開花，木頭上分家。
10. 水裡氣得一身病，石頭縫裡去傷命，布政司裡去審清。
11. 生在高州，流落石州，鹽運司打死，布政司出頭。
12. 土裡生就，小名豆豆，清水裡泡泡，石縫裡走走，點點鹵，白淨淨，從此沒骨頭。
13. 一粒珍珠土裡埋，青枝綠葉長起來，石頭眼裡要鑽過，水裡翻身打銀牌。
14. 石頭縫裡撒葫蘆，秧子拖到缸州府。布政司內走一趟，篋州府內結葫蘆。
15. 一物生得白粉團，忽然得病受風寒。面帶憂愁身乏懶，渾身好像亂箭穿。

16. 水裡生，水裡長，簸箕大，沒四兩。
17. 金鑲白玉嵌，紅嘴綠鸚哥。
18. 哥哥站河邊，手拿一竹鞭。進去整個月，出來月半邊。
19. 上頭四隻角，下頭四隻角，肚子裡頭六十四角。
20. 相思淚。

　　[謎底]
　　　1～14.豆腐；15.凍豆腐；16.豆腐皮；17.菠菜豆腐；
18.撩豆腐皮；19.豆腐箱；20.豆漿

五、豆腐對聯

　　豆腐對聯自明代以來常見記載，有的是摘取詠豆腐詩詞中的對句，有的是專門撰寫的豆腐對聯，常見於豆腐店與飯店門旁，能鮮明地反映出豆腐行業與豆腐菜肴的特點，很大程度上起著廣告宣傳作用，具有一定的藝術性。

　　從內容上看，豆腐對聯可以分為以下幾種。

　　（1）介紹豆腐的起源、別名。如"制始劉安、得成素食，文稽虞集、別號來其"；"小店生涯唯在此，故鄉風味說來其"。

　　（2）反映豆腐職業的特點。如"磨礱消歲月，清淡作生涯"；"肩挑日月，手轉乾坤"；"黃豆裡澄金金屯似豆屯，白水中求財財源如水源"。

　　（3）表現豆腐的製作過程。如"石磨飛轉湧起滔滔玉液，鐵鍋沸騰凝成閃閃銀磚"；"千轉磨萬滴漿磨漿趕制鮮豆腐，全身熱滿頭汗熱汗擦乾玉玲瓏"；"箱裡白玉生，缸中琥珀流"；"玉屑凝成精製品，銀漿結成豆腐花"；"梁甫銀泥渣滓盡去，華山玉屑水乳交融"；"銀磨金粒流玉乳，霞湯雲羹供佳餚"；"黃豆磨漿幾大桶，已無黃豆；石膏分化兩圓鍋，哪有石膏"。

　　（4）誇耀豆腐的營養價值。如"何須蛋裡尋營養，只此盤中有文章"；"味超玉液瓊漿外，巧在燃萁煮豆中"；"滋陰敗火天下一流佳品，補虛瀉實世上頭號珍饈"；"腥湯裡猶可爭天下，素菜中當然稱霸王"；"君子淡交禪參玉版，民間真味品重香廚"。

　　（5）介紹豆腐的品種花樣。如"水豆腐油豆腐豆腐腦天天供應，香乾子臭乾子乾子絲樣樣俱全"；"老豆腐非老實嫩，臭豆腐雖臭絕香"；"老豆腐嫩豆腐皆為豆腐，男客人女客人都是客人"；"豆腐拌小蔥一清二白色鮮味美，豆漿泡麻葉亦白亦黃喝甜食香"。

（6）揭示一定的哲理。如"每飯不忘必思下箸，相煎太急亦戒燃萁"；"清白持身溫柔處世，便宜論價滋養惠人"。

在表現手法上，豆腐對聯文字使用比較精妙。如以"白玉""銀塊"喻豆腐，以"銀漿""玉液""瓊漿"喻豆漿，形象貼切。

同時，這些對聯比較講究格律。如前文"石磨聯"以"石磨飛轉"對"鐵鍋沸騰"，"湧起"對"凝成"，"滔滔"對"閃閃"，"玉液"對"銀磚"，對仗工整。

此外，有的豆腐對聯還注意引經據典。如"君子淡交"出自《莊子·山木》"君子之交淡若水"，"每飯不忘"出自《宋詩鈔》等；"相煎太急"典出曹植的"七步詩"，增強了對聯的文藝性和知識性。當然，以"燃萁""燃萁煮豆"來喻"燒制豆漿"，有些牽強。

部分豆腐對聯賞析

一肩擔日月；雙手轉乾坤。

賞析：這是一副舊時豆腐店聯。日月：當時的豆腐有黃白兩色（黃色系用黃梔子水浸過），一黃一白，故以日月為比喻。轉乾坤：指推磨做豆腐。

嚴父肩挑日月；慈母手轉乾坤。

賞析：這是明代學者解縉小時候的故事。據說有位大官問小解縉父母在家幹什麼？小解縉答了上面的對聯。其實，解縉家是開豆腐店的，父親白天黑夜挑水，水桶裡映著日光月影，故說"肩挑日月"；母親天天在家推磨磨豆腐，故說"手轉乾坤"。

極惡元兇，隨棍打板子八百；窮奢極侈，連籃買豆腐三斤。

賞析：這是清代一位學台老師的自撰聯。學台是負責監督一個縣的秀才生員的小官，位卑職小，俸銀無多，管轄的又是一些無職無權無錢的秀才，各種"孝敬"大概都談不上，因此生活清苦。但是學台畢竟可以監管秀才，小有權，因此生員們對他也有幾分畏懼。身處這種境地，其中況味自知。

這副對聯，放言"極惡元兇、窮奢極侈"先聲奪人，上聯誇張,下聯寫實,卻是一反其意,因而在冷冰冰板著的面孔中,透出自嘲、訕笑。

旋輪磨上流瓊液;煮月鐺中滾雪花。

賞析:這副對聯出自明代景泰十才子之一的蘇平所作的《詠豆腐》一詩。"瓊液""雪花"均指豆漿。此聯敘述的是豆腐的磨漿、煮漿。

大烹豆腐,茄、瓜、菜;高會山妻,兒、女、孫。

賞析:某貧士自撰聯。上聯寫生活之清苦,下聯寫交遊之貧乏。這其中未寫而寫的一個字是"窮"。窮則生計窘迫,飲食寡淡,親友疏遠,往來斷絕。但這位貧士並沒有哀歎貧窮、嫉恨親友,他寫"大烹""高會",都是化平淡為莊重,自尊自重,其樂融融。

請君跳過魚兒碗;看我搬成肉價錢。

賞析:此聯通篇沒有寫"豆腐"兩字,卻又緊貼"豆腐"不離。上下聯都是化用民諺而來。民諺"跳過魚兒吃豆腐",說在酒席桌上,不吃魚肉,專揀豆腐,意思是恭謙禮讓。上聯"跳過魚兒碗"的下文,也就直指豆腐了。民諺"豆腐搬成肉價錢"流傳比較廣泛,把價格低廉的豆腐搬來搬去,運費加損耗,使豆腐價格攀升到了肉價的水準。當然豆腐還是豆腐,如此折騰,得不償失。下聯"搬成肉價錢",一望而知,所指也是豆腐。

這副對聯脫胎於民諺,但沒有沿用民諺的原意,只取其借物喻理的形象——豆腐,淺而不露,機智詼諧。

瓦缶澄來銀有影;金刀割處玉無痕。

賞析:上聯大處落筆,寥寥七字就寫出凝漿成腐的工藝過程,下聯細緻入微,一刀寫出賣豆腐時入刀技法和豆腐嫩滑質感;"銀有影""玉無痕"的比喻把原來平俗的豆腐寫得高雅清靈,其美化宣傳作用不言而喻,筆法之高超令人雖垂涎而又不忍吞"玉",歎為觀止!

米酒醇，米醋醇，缺少膽固醇；豆腐白，豆漿白，含多高蛋白。

賞析：這是在民間流傳的一副黃酒豆腐對聯。是幾個做豆腐和黃酒醬醋的農民合租一間房子做生意，開業時在門口所貼的對聯。這副對聯不但宣傳了自己的產品，又提醒人們過上富裕生活後要講究飲食的科學調劑，正確為身體補充營養。特別是一些年紀大的人及高血壓、心臟病患者看了對聯心領神會，成為常客。聯語貼近生活實際，為小店帶來了顧客與財源。

有酒，有肉，有豆腐；無兒，無女，無妻室。
橫批是：一人過年

賞析：這是傳說中一個光棍貼春聯的故事。人家過年男女老幼闔家歡樂，貼春聯，放鞭炮，自己過年也得像過年樣，尤其貼對子不能免俗。因此，光棍漢給自己寫了一副對聯。

一日食此臭豆腐；三日不識肉滋味。
橫批是：臭名遠揚

賞析：這是一家臭豆腐店的對聯，對聯以臭豆腐比肉已妙極，更妙的是不遮不掩，直言坦承"臭"，不僅"臭"，而且"臭名遠揚"！

下大雨恐中泥雞蛋豆腐留女婿子莫言回。

賞析：這幅上聯相傳為清人鐘耘舫的岳父下雨時挽留女婿的話，看似平常，實則用心良苦，絕妙異常。上聯巧用諧音的修辭手法，皆是古代人名：夏大禹、孔仲尼、姬旦、杜甫、劉禹錫、子莫、顏回。因難度太大，至今無人能對出下聯。

杜甫吃豆腐，飽了肚腹。

賞析：這是一副對聯的上半聯，看起來有些簡單，但細讀一下就可看出作者採取了"杜甫""豆腐""肚腹"相諧的手法，要想對出確實不易。

六、豆腐歇後語

大蒜拌凍豆腐——難拌（辦）
　　釋義：比喻事情棘手，很難處理。
大海裡翻了豆腐船——湯裡來、水裡去
　　釋義：形容四處勞苦奔波。
冬天進了豆腐房——好大的氣
　　釋義：比喻大發脾氣。
豆腐掉在灰堆裡——打不得、拍不得
　　釋義：比喻輕了不行，重了也不行；或遇到麻煩事，左右為難。
豆腐做的人——碰不得
　　釋義：比喻脾氣大，性情暴躁，惹不得，批評不得。
豆腐身子——不禁摔打
　　釋義：形容人的身體瘦弱。
豆腐乾炒韭菜——青青（清清）白白
　　釋義："青"與"清"諧音，"白"語義雙關。形容很純潔，沒有污點。
豆腐乾煮肉——有分數（有葷也有素）
　　釋義：形容心中有底。
豆腐乳煮菜——哪敢多鹽（言）
　　釋義："鹽"與"言"諧音。比喻不敢多說話。
豆腐板上下象棋——無路可走
　　釋義：比喻毫無辦法。

豆腐坊裡的石磨——道道就是多
　　釋義：比喻人有主意、辦法多。
豆腐佬摔擔子——傾家蕩產
　　釋義：比喻遭受損失非常嚴重。
豆腐渣上船——不是貨
　　釋義：諷刺有人人品道德不好、行為不正。
乾菜拌豆腐——有鹽（言）在先
　　釋義："鹽"與"言"諧音。比喻事先已經把話說明。
狗吃豆腐腦——銜（閑）不住
　　釋義："銜"與"閑"諧音。比喻閑不下來。
快刀打豆腐——兩面光
　　釋義："光"語義雙關，既指光滑，又指光彩。比喻為人處世圓滑、兩面討好。
筷子頂豆腐——豎（樹）不起來
　　釋義："豎"與"樹"諧音。用筷子頂著鬆軟的豆腐，還沒有豎起來，豆腐就碎了。借指人或事樹立不起來。懶人做豆腐——有渣可吃
　　釋義：比喻懶人辦不了大事，幹不成重要的事情。
老豆腐切邊——充白嫩
　　釋義：比喻有的人為人處事裝模作樣、弄虛作假。
雷公打豆腐——從軟處下手
　　釋義：形容有人依仗權勢欺負軟弱的人。
饅頭裡面包豆腐渣——旁人不誇自己誇
　　釋義：比喻事情做得不太好，還自我誇耀。
沒牙的老太太吃豆腐——正是可口的菜
　　釋義：比喻正適合某種需要。
賣豆腐的買了兩畝老窪地——漿裡來水裡去
　　釋義：比喻得而復失、白費力氣。
拿豆腐擋刀——招架不住
　　釋義：用鬆軟的豆腐不能抵擋鋒利的刀。形容抵制不了。

拿豆腐墊台腳——白挨
　　釋義：豆腐很鬆軟，根本墊不住桌腳。比喻白白遭受損失。
青菜炒豆腐———一青（清）二白
　　釋義："青"與"清"諧音。比喻為人處世清白無瑕。
石膏點豆腐———一物降一物
　　釋義：原指一種東西制服另一種東西；實指某人某物專有另一人另一物來制服。
豌豆尖炒豆腐——來青去白
　　釋義：比喻為人光明正大、始終清白無瑕。
武大郎賣豆腐——人松貨軟
　　釋義：比喻軟弱無能。
萵筍燒豆腐——青青（清清）白白
　　釋義："青"與"清"諧音。比喻為人清白、純潔。
小蔥拌豆腐———一青（清）二白
　　釋義："青"與"清"諧音。比喻一個人為人清白、純潔。
張飛賣豆腐——人強貨軟
　　釋義：形容人頑強，但是沒有真本領。

其他豆腐歇後語

八仙吃豆腐——各有各的吃法、各有各的味
白菜熬豆腐——誰也不沾誰的油水
半截磚炒豆腐——有軟有硬
出家人打坐吃豆腐——嘴裡心裡都有佛（腐）
臭豆腐——聞著臭，吃著香
搭戲臺賣豆腐——好大的架子
大王賣豆腐——人硬貨不硬
凍豆腐上市——軟貨硬賣
豆腐燉骨頭——有軟有硬
豆腐放在殺豬鍋裡——沾油水
豆腐拌腐乳——越拌（辦）越糊塗

豆腐變千張——越壓越擠越硬朗
豆腐鍋裡揭層皮——不是千張是挑皮（調皮）
豆腐店裡做豆腐——靠壓
豆腐店老闆賣磨——沒法推了
豆腐坊裡的把式——沒有硬貨
豆腐坊裡的掌櫃——一股渣氣
豆腐師傅勒鬍子——拖泥帶水
豆腐嘴巴刀子心——口軟心狠
豆腐做匕首——軟刀子
青菜煮豆腐——沒什麼油水
豆腐打地基——底子軟
豆腐堆裡一塊鐵——數它最硬
豆腐墊鞋底——一踏就爛
豆腐上楔釘子——底子差
豆腐喂老虎——口素（訴）
豆腐裡吃出骨頭來——無事生非
豆腐燴豆芽——一姓不一家
豆腐倒在柴堆裡——不可收拾
豆腐坐監獄——平白無故
豆腐腦兒挑子——兩頭熱
豆腐店開在河邊——湯裡來、水裡去
豆腐店裡的東西——不堪一擊
豆腐店裡的磨子——不壓不做
豆腐炒蝦醬——變了味
豆腐房裡的老母豬——一肚子渣
豆腐房丟了磨盤——沒得推了
豆腐渣上船——算個啥貨
豆腐渣下水——全散了
豆腐渣包包子——捏不到一起
豆腐渣包餃子——用錯餡了

豆腐渣貼門神──兩不粘（沾）
豆腐渣上供──糊弄神仙
豆腐渣灑水飯──哄鬼
豆腐渣炒藕片──迷了眼
豆腐渣拌櫻桃──有紅有
白豆腐渣下水──輕鬆
豆腐渣包餃子──捏不攏
豆腐渣擦屁股──沒個完
豆餅做豆腐──有些粗
鋼絲穿豆腐──沒法提
關公賣豆腐──人硬貨軟
黃豆煮豆腐──父子相認
叫花子攔不住臭豆腐──窮燒
叫花子吃豆腐──一窮二白
快刀打豆腐──乾淨麻利
快刀打豆腐──八面光
快火熬豆腐──一個勁地咕嘟
豆腐──哪還用鹽（言）
辣椒炒豆腐──外辣裡軟
雷公打豆腐──不堪一擊
老和尚煎豆腐──頭光，面也光
麻繩捆豆腐──不提也罷
馬尾穿豆腐──提不起來
賣肉的切豆腐──不在話下
木耳燒豆腐──黑白分明
拿豆腐擋刀──自不量力
嫩豆腐──好拌（辦）
排骨燒豆腐──有軟有硬
清水煮豆腐──淡而無味
肉骨頭燒豆腐──軟硬兼施

三個錢的豆腐腦——現盛（成）

石卵子拌豆腐———軟硬不調和

四兩豆腐半斤鹽———鹹味（賢慧）

四兩豆腐燒一鍋———燴（會）多

手捧豆腐過獨木橋——手抖心也慌

手捧豆腐打孩子———虛張聲勢

手捧豆腐跳大神———扭得歡，抖得更歡

水豆腐——不經打

鐵匠鋪裡賣豆腐———軟硬兼施

鐵嘴豆腐腳———硬在嘴上

鹹菜煮豆腐——不用多鹽（言）

七、豆腐民謠

做豆腐

豆腐磨，圓又圓，天天日日找本錢。沒錢人做生意，真可憐!一鍋豆汁三擔水，半夜三更要爬起，鄰居說我半夜鬼，老婆罵我沒出息。哎唷喂，氣得我要死！

車水歌

你車水來我栽秧，人兒勤快地不荒。今日車水俺幫你，明日栽秧幫俺忙。日頭當頂歇歇晌，白米乾飯豆腐湯。

車水歌

車水車水救黃秧，老米乾飯豆腐湯。"哧溜哧溜"兩碗半，幹起活來幹勁長。

家家戶戶拐豆腐

臘月忙著辦年貨，家家戶戶拐豆腐。拐豆腐，拐豆腐，一年到頭都有"福"。

小日子過得像一朵花

磨豆腐，幹部誇；賣豆腐，車子化，二三十裡不算啥。鋼磨一響票子來，還有肥豬喂多大。蓋房娶親買農機，小日子過得像一朵花。

淮南市有三奇

淮南市有三奇：八公山豆腐肥王魚，烏溜溜的金子壓地皮。

比不上八公山的豆腐皮

懷遠的石榴碭山梨，瓦埠湖的毛刀魚，比不上八公山的豆腐皮。

捨不得八公山的豆腐湯

捨得蜜，捨得糖，捨得孩子娘，捨不得八公山的豆腐湯。

家家戶戶磨豆腐

要想富，找財路，家家戶戶磨豆腐。

多吃番茄營養好

多吃番茄營養好，美容抗癌疾病少；青菜豆腐保平安，水果海藻身體健；一天一蘋果，醫生遠離我。

個個吃得白又胖

吃煎餅一張張，孬糧好糧都出香，又卷豆腐又抵醬，個個吃得白又胖。

吃豆腐歌

一個老婆婆，清閒要吃長生菜，拿個研盆細細磨。下飯東西真不夠，軟的少，硬的多。雞腿蹄筋滋味少，咬嚼不來可奈何！不如買塊豆腐醬油、麻油拌，有時燒燒醃肉湯，有時滾油煎豆腐，有時麻油拌豆腐，朝朝夜夜吃豆腐。

豆腐歌

一粒豆，兩花開，磨起豆腐白皚皚。旋起鹽鹵雲頭倍，剖起豆腐四方塊。菩薩前頭海一海，醬油蘸蘸是好菜。

安徽鳳陽民謠

皇帝請客，四菜一湯，蘿蔔韭菜，著實甜香；小蔥豆腐，意義深長，一清二白，貪官心慌。

注：這是明太祖朱元璋的家鄉鳳陽流傳著的"四菜一湯"的歌謠。據說朱元璋當上皇帝後，一次給皇后過生日，只用一碗蘿蔔、一碗韭菜、兩碗青菜、一碗小蔥豆腐湯來宴請眾官員，而且約法三章：今後不論誰擺宴席，只許四菜一湯，誰若違反，嚴懲不貸。

致富歌

要想富，磨豆腐，漿水喂牛渣喂豬。天長滴水能成河，日久積累少成多。種桐樹，養母豬，不出三年就致富。

半夜三更磨豆腐

咕嚕嚕，咕嚕嚕，半夜三更磨豆腐。磨成豆漿下鍋煮，加上石膏或鹽鹵，一壓再壓成豆腐。

挨豆干，挨豆腐

挨①豆乾，挨豆腐，請親家，弄破厝②。請親姆③，起④大厝，大厝起花園。

注：此為泉州歌謠①挨：推。②弄破厝：砸壞房屋，這裡形容為熱情款待親家而忙碌的情景。弄，這裡指擠。③親姆：兒子的丈母娘或女兒的婆婆，這裡與"親家"義同。④起：蓋起。

解析：推磨盤，碾豆漿；做豆腐，制豆干。請親家，真繁忙；屋裡屋外鬧翻天。請"親姆"，來幫忙；齊心蓋起大洋房。

推磨，搖磨

推磨，搖磨，推粑粑，請嘎嘎（外婆），推豆腐，請舅母，舅母不來，撈根滑竿去抬，滑竿一斷，把舅母的屁股摔得稀粑爛。

推豆腐

推豆腐，接舅舅，舅舅不吃菜豆腐。推粑粑，接家家（外婆），家家不吃酸粑粑，打開鼎罐煮臘肉，臘肉煮不熟，抱著鼎罐哭。

扁擔打著我的腳

哎喲喲，扁擔打著我的腳，先莫哭，找點藥。什麼藥？膏藥。什麼膏？雞蛋糕。什麼雞？公雞。什麼公？老公公。什麼老？豆腐腦。什麼豆？豌豆。什麼灣？臺灣。什麼抬？抬你坐上花轎來。

月亮婆

月亮婆，推乾饃。乾饃香，燒豆漿。豆漿辣，燒枇杷。枇杷苦，燒豆腐。豆腐薄，燒牛角。牛角彎，彎上天。天又高，買把刀。刀又快，好切菜。菜又長，好買羊。羊不走，好買狗。狗不吃面疙瘩，一刀切成禿尾巴。

懶漢懶

懶漢懶，織毛毯。毛毯織不齊，又去學扶犁。扶犁嫌辛苦，又去磨豆腐。推磨太費勁，又去學唱戲。唱戲不入調，又去學抬轎。抬轎抬得慢，又想吃閒飯。閒飯吃不成，誤了他一生。

嘴嘟嘟

嘴嘟嘟，賣豆腐，嘴扁扁，賣牛眼，嘴圓圓，賣粄圓，嘴長長，賣豬腸。

圪扭兒圪扭兒磨豆腐

圪扭兒圪扭兒磨豆腐，磨下兩碗臭豆腐，你一碗，我一碗，隔牆冒給狗一碗。

指紋歌

一腡窮，二腡富，三腡四腡賣豆腐，五腡六腡騎馬過河，七腡八腡開當賣老婆，九胴十胴金子銀子打秤砣。

　　一胴富，二胴貴，三胴平平過，四胴賣豆腐，五胴背刀槍，六胴殺爹娘，七胴騎白馬，八胴坐天下，九胴九，背快口，十胴全，中狀元。十胴空，做齋公。

　　一胴窮，二胴富，三胴開當鋪，四胴擔水磨豆腐，五胴平平過，六胴挼老婆，七胴谷滿倉，八胴看牛上山崗，九胴九頭鳥，十胴十糞箕，有錢無人知。

　　一胴窮，二胴富，三胴四胴蒸酒賣豆腐。五胴六胴打草鞋，七胴八胴挑糞賣。九胴一操，騎馬背官刀。十胴全，中狀元。

　　一胴窮，二胴富，三胴四胴蒸酒賣豆腐。五胴六胴打草鞋，七胴八胴挑柴賣。九胴一操，騎馬背官刀。十胴全，中狀元。

十羅

　　一胴窮，二胴富，三胴造酒醋，四胴賣豆腐，五胴慣刀槍，六胴殺雞娘，七胴七，討飯匹，八胴八，做菩薩，九胴九，獨只手，十胴全，中狀元。十畚箕，有吃又有嬉。

十鬥

　　一鬥好，二鬥寶，三鬥四鬥殺馬草，五鬥六鬥賣豆腐，七鬥八鬥砌大屋，九鬥十鬥……

椿樹芽拌豆腐兒歌

小椿樹，棒芽黃，
掐了棒芽香又香，
炒雞蛋，拌豆腐，
又鮮又香你嘗嘗。

豆腐謠

臘月到，過年忙，豆腐師傅本領強，

左手燒礱糠，右手抽風箱，
油豆腐沸得光光亮，豆腐乾噴噴香，
臭豆腐臭得香，千張一張又一張，
水豆腐壓了一箱又一箱，賣不掉的做成黴千張，
你說豆腐師傅本領強不強。

推磨歌

（一）

推磨，搖磨，
推粑粑，請家家（外婆）；
家家不吃菜豆花；
推豆腐，請舅母，
舅母不吃菜豆腐，
打合米來煮，
煮又煮不熟，
急得娃娃哭。

（二）

推磨磨，搖磨磨，
推個粑粑——嘿（十分）糯。
推豆腐——請舅母，
推粑粑——請家家。

（三）

推磨，搖磨，
推的粑粑很糯。
娃娃要吃七八個，
嘰嘎嘰嘎又推磨。
推豆腐，請舅母，
舅母不吃菜豆腐。
打碗米來慢慢煮，

煮來煮去煮不熟，
只好抱著罐罐哭。

牽豆腐

依呀嗚，牽豆腐，
牽個豆腐水露露，
養個伲子棒柱大，
步檻底下直鑽過。
娘話道剛丟脫則吧，
老子話道勿捨得個，
牽牽豆腐也好個。
咕嗞咕嗞……

注：唱此童謠時，家長和小孩子相對而坐，手和手拉在一起，然後邊唱邊模仿牽磨。"伲子"，方言，兒子。

小孩兒小孩兒你別饞

小孩兒小孩兒你別饞，過了臘八就是年，臘八粥，喝幾天，哩哩啦啦二十三；二十三，糖瓜粘；二十四，掃房子；二十五，凍豆腐；二十六，去買肉；二十七，宰公雞；二十八，把面發；二十九，蒸饅頭；三十晚上熬一宿；初一、初二滿街走。

誰跟我玩，打火鐮兒

火鐮花兒，賣甜瓜。甜瓜苦，賣豆腐。豆腐爛，攤雞蛋。雞蛋雞蛋磕磕，裡邊坐個哥哥。哥哥出來買菜，裡面坐個奶奶。奶奶出來燒香，裡面坐個姑娘。姑娘出來點燈，燒了鼻子眼睛。

孝感兒歌

月亮哥，跟我走，

走到天上提笆簍。
笆簍破，摘蓮果。
蓮果尖，觸上天。
天又高，萬把刀。
刀又快，切鹽菜。
鹽菜苦，打豆腐。
豆腐甜，留到過年。

蘇州玄妙觀

蘇州玄妙觀，東西兩判官，
東判官姓潘，西判官姓管；
東判官手裡拿塊豆腐乾，
西判官手裡拿塊蘿蔔乾；
東判官要吃西判官手裡的蘿蔔乾。

第五編　中國豆腐走向世界

20世紀80年代，美國著名的《經濟展望》雜誌宣稱："未來十年，最成功、最有市場潛力的並非汽車、電視機，而是中國的豆腐。"時至今日，正如其所說，中國豆腐走向了世界，成為西方餐桌上的珍饈。

一、豆腐傳日之說

　　日式居酒屋最耐人尋味的不是串燒或刺身，而是清清白白、簡簡單單的豆腐。今人尋常可見的豆腐，一度是日本江戶初時貴族、武士階層的奢侈食材，逐漸流行於世後，還有文人為其著書立傳。

　　但從時間上追溯，至於豆腐何時傳入日本，目前還無定論，較受認可的是"鑒真說"。該說法認為鑒真於757年東渡日本時，帶去了豐富多彩的唐代文化，相傳其中也包括豆腐的製造法，從此，日本史書上逐漸出現關於豆腐製作的記載。至今，日本豆腐業猶奉鑒真為師祖，如日本豆腐包裝袋上印有"唐代豆腐乾、黃檗山御前、淮南堂制"的字樣。因唐代淮南節度使即置於揚州，亦即鑒真法

鑒真塑像

師的"故鄉"。不過，學者們至今還沒有找到日本在中國唐代已有豆腐的證據。

　　除此之外，亦有不同觀點認為，豆腐傳入日本並不能歸結為鑒真一人的功勞，而應是由鐮倉室町時代留學中國的僧侶們帶回的。日本鐮倉室町時代相當於中國的宋代，這在時間上便與"鑒真說"有出入。部分日本學者如青木正兒，在《唐風十題》裡專作《豆腐》，其中提到室町中期女安元年（1444年）

的《下學集》中首現"豆腐"一詞，以此佐證"鐮倉室町說"。

豆腐傳入日本之後，日本人不斷對其進行改造，以適合大和民族的獨特口味，產生了諸如京都豆腐、油炸豆腐串、關東煮等多種豆腐菜形式。而民國初年，宜賓人陳建民移居日本，帶去了麻婆豆腐，為配合日本人口味，稍加改造，多甜少辣，大受歡迎，遂與青椒肉絲、回鍋肉、魚香茄子幾味並成日本人鍾愛的中華料理。

二、美國人與豆腐

　　豆腐在中國雖然已有悠久的歷史,且至遲在宋代已東傳至朝鮮半島和日本,但到 19 世紀,才逐漸傳入歐洲、非洲、北美,而直到 20 世紀六七十年代,豆腐才開始出現在尋常美國人的餐桌上。儘管美國營養學家、醫生和衛生官員都不斷勸誡人們,豆腐含有大量蛋白質、鈣及不飽和脂肪酸,不含膽固醇,熱量很低,但或許是習慣了肉類、速食的香濃滑膩,美國人總認為豆腐口感粗糙,不好吃。

　　然而,隨著三高食物帶來的諸多麻煩,營養豐富的大豆食品因為對癌症、心血管疾病、糖尿病和骨質疏鬆等具有積極的預防作用而逐步被人們認識和接受。美國營養學專家說,如果每天食用 80 克大豆食品,就能使患癌症的風險降低 40%。因此,近年來,豆腐在美國受到越來越多的人的追捧。

　　為了使豆腐走進更多的西方家庭,指導人們如何烹飪豆腐的食譜書籍也應運而生。這些食譜把豆腐和西方人熟悉的烹飪方式結合起來,佐以西式調味料,使西方人更容易接受。比如有一本書,書名就很有趣——《這不可能是豆腐!》。該書收錄了 75 個豆腐菜譜,包括炒豆腐、炸豆腐、西式豆腐南瓜湯、咖喱豆腐、鳳梨豆腐炒飯和豆腐春捲等,甚至把豆腐調入果汁和奶昔中。

　　豆腐食譜的出現,對在美國推廣食用豆腐和健康飲食觀念起到了積極的作用,特別是一些過去因鍾愛高脂肪、高熱量食品而患心血管疾病的人,豆腐成了他們每天必吃的食物,一些"大胖子"用豆漿代替可樂,用豆腐代替乳酪和肉類,也取得了極好的減肥效果。現在,常吃豆腐、愛吃豆腐的美國人越來越多,普通超市中隨處可見豆腐,許多餐飲店內都能看到涼拌豆腐等豆腐菜肴。

三、加拿大人把豆腐帶進奧運會

　　加拿大人很早就開始種植大豆了，但並不會做豆腐。20世紀60年代，中國及其他亞洲國家移民的大量湧入，才使加拿大人第一次見識了豆腐，不過很多人都不喜歡它，甚至大人在教訓孩子時也會說："走開，不然就給你吃豆腐！"

　　從20世紀80年代開始，"少吃肉、多吃素"等健康飲食觀念開始深入人心，豆腐逐漸受到人們的歡迎。2000年10月，加拿大豆制食品業協會掀起了一場"多吃豆腐有益健康"的宣傳高潮，使豆腐一下子成了"明星食品"；綠色和平組織和動物保護協會也建議人們把豆腐作為替代肉食的首選食物。如今，在加拿大各地的超市里都能買到各種各樣的豆腐以及豆製品。每年，加拿大人至少要吃掉約1400萬千克豆腐製品。

　　營養學家們紛紛出書或撰寫文章介紹豆腐的營養價值。營養學家在《自然生活》雜誌中發表文章指出，與肉類和乳製品相比，豆腐的熱量非常低，比如88克的豆腐僅含120卡路里的熱量，卻能為人們提供13克的蛋白質、8毫克的鐵和120毫克的鈣。加拿大溫哥華聖保羅醫院健康心臟計畫的營養專家指出，過多食用紅肉不僅會導致肥胖，還會引發心腦血管疾病，但紅肉中的蛋白質和礦物質對人體又十分重要，能夠代替它的最好的植物性食物就是豆腐。

　　過去，加拿大人在豆腐的吃法上以中式、韓式和日式為主。後來，營養學家和業內人士不斷探索中西結合的豆腐新吃法。各種介紹豆腐菜製作方法的書籍十分暢銷。更有意思的是，加拿大人還隨著奧運會把豆腐帶回了它的故鄉。

2008年8月,在北京召開的第29屆夏季奧林匹克運動會上,三位加拿大名廚以志願者的身份來京搭起"奧運灶",每天為加拿大運動員燒菜做飯。為了讓運動員在比賽之餘能吃到家鄉菜,三位大廚在出發前就炮製好了"奧運食譜"。這份"奧運食譜"包含了三四十種加拿大風味菜品,但其中有一道中國菜"家常豆腐"。為學做"家常豆腐",廚師們還特地在5月從加拿大飛到北京,利用參加加拿大駐華使館"中加美食節"的機會,向中國廚師學藝。

四、美國洛杉磯豆腐節

"洛杉磯豆腐節"於每年8月舉辦，與會民眾很多，影響甚廣。然而，這項活動從無到有，全是一家日本豆腐公司的傑作。曾經參加過洛杉磯豆腐節的華資餐館業者都有一個感想：為什麼華人社區不能定期舉辦健康美食節，替華人非營利社團籌募經費？

豆腐這項健康食品明明是中國人的發明，但在"小東京"舉行的洛杉磯豆腐節上，卻成為"日本食品"。日本豆腐公司每年出資4萬多美元舉辦這項活動，既達宣傳推廣之效，又替"小東京"服務中心籌款，還讓主流社會的人士建立豆腐是日本食品的印象，參加的華資餐館業者看在眼裡，心裡很不是滋味。

豆腐節雖然規模愈辦愈大，參加的華資餐館業者卻有減少的趨勢。細究原因，無利可圖是主因，不願替日本廠商做嫁衣，不願為日裔社團籌募經費也是一大原因。華資餐館業者指出，南加州華資豆腐公司有多家，缺乏經費的華人非營利社團更多，為什麼華人社區不能舉辦類似活動？若舉辦此類活動，既可替非營利社團籌款，又可吸引主流社會人士光臨華人社區，提高華人社區的形象與知名度。

華資餐館業者指出，"洛杉磯豆腐節"這個名稱已被日裔社區使用，華人社區若舉辦類似活動，可以"健康美食節"為名。除餐館之外，也可廣邀醫療機構、健保公司、相關廠商、政府與社區服務單位等參加，同時替洛杉磯華人社區增加一項全家皆可參與的週末活動。

五、德國人愛上中國豆腐

20世紀末，歐洲出現了瘋牛病，隨後又發生了口蹄疫、禽流感，使得人們一度對肉類產品產生了恐懼，素食主義開始興起。也就在此時，豆腐開始在德國暢銷起來，很多華人開始投資開豆腐店，一時間，德國出現了百多家生產豆製品的華人企業，豆製品產量每年以兩成的速度增加。

最開始時，這些華人企業只生產豆腐、豆漿等製品，主要消費者是在德亞洲人，習慣了肉食美味的德國人則覺得清淡無味。後來，許多華人企業開發出了海鮮味、麻辣味、咖喱味等口味多元的即食豆腐，以及各種各樣的豆腐乾、豆腐罐頭、素雞、素腸、素牛排等豆製品，受到了德國人的青睞。再後來，又有華商研發出配合西餐食譜的豆腐，如沙拉豆腐、鐵板豆腐、甜品豆腐等，有的更別具匠心地創製了豆腐素烤鴨、豆腐蛋糕、豆腐雪糕等，深受德國人喜愛。

豆腐被稱為"中國乳酪"，如今"豆腐熱"早已席捲德國。德國很多媒體還推出了"中國豆腐專欄"，稱"豆腐是世界上最美味可口的佳餚"。德國食品藥物管理部門還將豆腐列為"具有減少冠心病風險等功效的健康食物"。《怎樣吃豆腐》《豆腐健身寶典》等書籍也開始暢銷。《法蘭克福彙報》甚至預言："未來十年，最有市場潛力的並非德國汽車，而是中國豆腐。"

現在，很多德國人已經用豆腐乾取代了看電視時吃的薯片；在德國大學食堂、在寶馬、大眾等著名企業的食堂，也都有豆腐招牌菜；在超市，想買新鮮豆漿甚至還得預訂。在德國有一家生產豆漿的企業，他們的廣告詞耐人尋味："為什麼幾千年前的中國人能造出長城，因為他們吃大豆！"

六、中國豆腐法國傳播者——李石曾

清代末年，實業家李石曾先生，將豆腐傳入法國。

李石曾，又名李煜瀛，河北高陽人，教育家，國民黨四大元老之一。其父李鴻藻，歷任清代兵部、史部、禮部尚書及軍機大臣、協辦大學士等要職，還是同治皇帝的老師，地位顯赫。李石曾雖然生活在這樣的家庭，卻是"不守本分"的人。1902 年隨駐法公使孫寶琦赴法國，入蒙達頓農校學習。1906 年畢業後，複入法國巴黎的巴斯德學院學習生物化學。1907 年，李石曾成立"遠東生物化學學會"。李石曾首次用化學方法分析出大豆的成分，發現其營養成分和牛奶相仿，並以"大豆"為名，將此研究成果以法文發表，引起了法國生物界和飲食界的關注。喝過李石曾親手製作的豆漿的法國人，稱它為"中國奶"，於是中國豆製品在歐洲打開市場，聲名鵲起。1909 年，他成立了"豆腐公司"，並在巴黎市郊哥倫布村開設了一家豆腐工廠。產品有豆腐、豆漿、豆麵、豆粉、豆皮等多種，同時，為了迎合歐洲人的口味，還生產"豆咖啡""豆可哥"，以及用豆麵製成的各種糕點等。當時歐洲各國關係緊張，經濟環境壓抑，牛奶短缺而昂貴，李石曾大力宣傳豆漿的營養價值，於是豆漿很快成為法國人的時髦飲料。當時的法國總理班樂衛曾是李石曾的同學，李石曾請

李石曾

他到廠裡來參觀，並品嘗精美的豆制品。班樂衛贊不絕口，稱讚李石曾為法國人的餐桌增添了美味佳餚。

不久，中國豆腐從法國逐漸傳遍了整個歐洲。

白嫩嫩的豆腐、熱騰騰的鮮豆漿、薄如羽翼的豆皮、金黃誘人的豆腐乾，盛在精美的陶瓷容器裡，錯落有致地擺放在一張榆木雕花桌上。這絕不是一場飯局。在容器側面粘貼的標籤上，赫然寫著"中國特產"。這是比利時布魯塞爾世界博覽會中國館的一幕場景。它記錄了中國豆腐食品首次亮相世博會的精彩瞬間。這次展出的豆製品就是李石曾的豆腐公司製作的。

同時，李石曾還帶著自己的豆製品參加了巴黎萬國博覽會，一時名聲大噪，並很快在歐洲享有盛譽，被譽為"美味素食"，李石曾也因此獲得"豆腐博士"的雅號。李石曾還在巴黎蒙帕納斯大街開設了第一家中國餐館（在歐洲恐怕也是首創），名為"中華飯店"，烹調的豆腐菜式大受歡迎。

法國巴黎中國豆腐工廠

七、在澳大利亞賣臭豆腐的中國留學生——唐琳

在澳大利亞的唐人街上，一家叫"中國臭豆腐"的店裡常常座無虛席，櫃檯前排隊的顧客，眼睛直盯著炸臭豆腐的鍋，等待著臭豆腐出爐。不僅在唐人街上，現在澳大利亞很多街頭都有中國臭豆腐專賣店，老闆就是曾在悉尼大學讀書的浙江留學生唐琳。

唐琳以前在唐人街老鄉所開的餐館中當服務員。一次，店裡來了幾名浙江客人，一坐下，客人便問："你們這裡有紹興的臭豆腐賣嗎？"唐琳搖了搖頭。客人掃興地說："你們不是浙江餐館嗎？怎麼連臭豆腐也沒有！"客人走後，他試探著對老闆說："既然澳大利亞買不到臭豆腐，我們為什麼不做一些賣呢？"老闆卻認為澳大利亞人習慣吃西餐，對臭豆腐這種陌生的東西聞著都怕，做臭豆腐肯定不會有市場。

但唐琳不死心，他堅信中國臭豆腐在澳大利亞會有市場前景。於是，唐琳咬咬牙，決定回國一次，拜師學藝。

拜師學藝一個月後，唐琳回到澳大利亞。可是，正當唐琳架起簡單的爐灶，在學校附近剛剛開張時，員警沒收了他的工具，並且警告他，如果再這樣賣臭豆腐，就要重罰他。原來，臭豆腐的臭味讓澳大利亞人實在聞不慣，於是投訴了他。

唐琳覺得要想打開澳大利亞市場，一定要先從華人入手。於是，唐琳聯系了悉尼一些大學的中國留學生舉辦聯誼會，親自帶著臭豆腐去給他們免費品嘗。當月，店裡賣出去了 80 多份臭豆腐。

此時，唐琳已經動起了另外一個腦筋。為了讓臭豆腐更具有品牌效果，唐琳與老闆商討開了一家"中國臭豆腐"專賣店，沒想到該店幾乎轟動了整

個唐人街，"5元人民幣8小塊的臭豆腐是貴了點，但比起國內的小攤子經營，開個專賣店，老百姓才覺得新鮮、乾淨，肯定有人覺得值"。

開業第一天，顧客排著長隊，當然都是些當地華人，只有幾個澳大利亞人聽了介紹後覺得稀奇才湊熱鬧來了。

唐琳知道要想把生意做好，必須讓澳大利亞人認可臭豆腐。

唐琳通過多次試驗發現，先把臭豆腐油炸至黃色，再用荷葉包裹，在煎牛排的時候，放入底部，臭豆腐和荷葉的香味都會浸入牛排裡，這比澳大利亞正宗的牛排更香氣逼人。唐琳把這起名為"中國牛排"，這"中國牛排"一上市，立刻引起了愛吃時髦東西的澳大利亞人的興趣。除此之外，唐琳還提供包裝外帶，他為臭豆腐量身製作了一個精品包裝盒，客戶攜帶方便，送給親戚朋友也拿得出手。

唐琳的專賣店生意越來越紅火，這個聞起來臭，吃起來香的東西，讓許多澳大利亞人紛紛豎起大拇指，並迅速風靡澳大利亞。

八、威廉·夏利夫、青柳昭子與豆腐

　　威廉·夏利夫，斯坦福大學工程學、人文及教育學畢業，曾參與和平工作團，在奈及利亞教授物理，並旅行於世界各地。

　　青柳昭子，畢業於貴格教派的友誼學校和女子藝術大學，曾從事流行服飾設計行業，並在美國某黃豆食品公司擔任插圖畫家和設計師，同時，她也是威廉·夏利夫的妻子。

　　他們兩人曾跟著頂尖的黃豆食品研究人員、製造者、營養學家、歷史學家以及廚師一起研究黃豆食品。兩人關於黃豆食品的著作已超過 50 種，被印刷了 75 萬冊以上。1976 年，夏利夫和昭子在美國成立"黃豆食品中心"，致力於將這種傳統且健康的食品介紹給西方世界，並且在全國各地進行巡迴演講、實地示範，獲得各界熱烈的響應，也讓西方世界重新認識了黃豆。他們還建置了"SoyaScan 資料庫"，這是一個全世界最大的黃豆及黃豆食品資料庫，其中彙集了超過 55000 筆資料。他們採用廣泛、多元且跨學科的方式來介紹黃豆食品，目的是希望用大眾及專家都能理解的語言，傳達有關黃豆食品的傳統做法以及現代科學知識，來解決世界上的饑荒以及眾人所關心的健康永駐問題。

　　"一塊土地用來耕種作物所能餵養的人數，比牧養肉牛要多上好幾倍。"夏利夫說，"如果豆腐能取代美國飲食中百分之三十的肉類，我就很高興了。"

　　豆腐之所以能成為西方家喻戶曉的食物，夏利夫與昭子功不可沒。他們夫婦是《豆腐之書》《味噌之書》及《天貝之書》等書的作者。

　　1975 年時，還沒有幾個美國人知道豆腐是什麼東西，甚至連最粗淺的概念都沒有。如今，無數的超市及健康食品店都販賣豆腐，每個人都開口說豆腐,張嘴吃豆腐,知道豆腐的人一下子變得這麼多,這一切得歸功於夏利夫和昭子,他們的著作《豆腐之書》,已經被熱衷於豆腐的人們當成《聖經》。

夏利夫與昭子相遇後不久,兩人就以極佳的合作方式,烹煮、介紹都市早已失傳的傳統豆腐製作技術及食譜,夏利夫和昭子經常背著行囊跋山涉水到偏遠內陸或離島,那些地方幾乎不曾有美國人涉足。雖然大師級的豆腐師傅通常不肯透露自己的秘方,但是夏利夫和昭子的熱誠及學習欲望卻讓這些大師大為感動,進而願意與他們分享自己的專業知識。

夏利夫和昭子撰寫的《豆腐之書》

《豆腐之書》在1975年出版,這本書不到一個月就銷售一空,在來年仍收到熱烈的響應。兩人的第二本作品《味噌之書》,探討的是發酵後的黃豆醬,也和《豆腐之書》一樣大為成功。他們的第三本書《天貝之書》,寫的是一種在印尼及全遠東地區都很受歡迎的豆製品,也一樣廣受好評。

九、幾內亞有個"豆腐王"

來自廣西南寧的李乃軒闖蕩非洲 18 年，2001 年來到幾內亞後就再沒離開過。但圈中卻鮮有人知道他的真名，大家都喊他"豆腐李"。他近 8 年來只做了一件事——做豆腐。這個看似不起眼的小生意卻被他做得有聲有色，並最終在異國他鄉站穩腳跟。

2004 年，還在幾內亞一家中資公司當廚師的李乃軒咬牙掏出所有積蓄盤下一個豆腐坊。之後無論當地局勢如何動盪，他都一直咬牙堅持。隨著 2010 年幾內亞大選成功舉行，這個國家最終結束了長期動盪，越來越多的中國人來到這個國家，他的生意漸漸好起來。李乃軒說，身在異鄉的同胞最思念家鄉菜，幾乎每個到幾內亞的中國人都吃過他做的豆腐。吃膩了當地的烤雞、烤肉後，他們總喜歡買兩塊豆腐來解饞。幾內亞不產大豆，李乃軒所有原料都從國內發貨，各種費用加起來，也是一筆不小的花費。有時一個貨櫃能在海上漂 4 個月，等到了幾內亞，大豆早已黴變。這樣一來，幾內亞的豆腐賣出"肉價"也就不奇怪了。可即使是"肉價"，李乃軒的豆腐仍然供不應求，想要豆腐還得提前打電話預訂。

像許多遠赴非洲的中國商人一樣，李乃軒憑藉小本買賣，苦心經營，咬牙堅持，等到慢慢在當地紮下了根，就將同鄉或親友帶過來，掙錢的同時還能互相依靠。現在，"豆腐李"已把兒女都接到幾內亞，並且安排好了工作，沒有了家的牽掛，他將更加一門心思地繼續他在幾內亞的事業。

國家圖書館出版品預行編目（CIP）資料

中華文化叢書：豆腐 / 曾學英 編著. -- 第一版.
-- 臺北市：崧博出版：崧燁文化發行, 2019.05
　　面；　公分
POD版

ISBN 978-957-735-871-4(平裝)

1.豆腐 2.中國文化

541.26208　　　　　　　　　108006975

書　　名：中華文化叢書：豆腐
作　　者：曾學英 編著
發 行 人：黃振庭
出 版 者：崧博出版事業有限公司
發 行 者：崧燁文化事業有限公司
E - m a i l：sonbookservice@gmail.com
粉 絲 頁：　　　　　網　址：
地　　址：台北市中正區重慶南路一段六十一號八樓 815 室
8F.-815, No.61, Sec. 1, Chongqing S. Rd., Zhongzheng Dist., Taipei City 100, Taiwan (R.O.C.)
電　　話：(02)2370-3310　傳　真：(02) 2370-3210
總 經 銷：紅螞蟻圖書有限公司
地　　址：台北市內湖區舊宗路二段 121 巷 19 號
電　　話:02-2795-3656 傳真:02-2795-4100　　網址：
印　　刷：京峯彩色印刷有限公司（京峰數位）

本書版權為西南師範大學出版社所有授權崧博出版事業股份有限公司獨家發行電子書及繁體書繁體字版。若有其他相關權利及授權需求請與本公司聯繫。

定　　價：270元
發行日期：2019 年 05 月第一版
◎ 本書以 POD 印製發行